如何永远赢得顾客

杜云生●著

南方日报出版社
NANFANG DAILY PRESS
中国·广州

图书在版编目（CIP）数据

如何永远赢得顾客/杜云生著. —广州：南方日报出版社，2010.3
ISBN 978-7-80652-986-7

Ⅰ.①如… Ⅱ.①杜… Ⅲ.①市场营销学 Ⅳ.①F713.50

中国版本图书馆CIP数据核字(2010)第046354号

如何永远赢得顾客

著　　者： 杜云生
责任编辑： 刘志一
E-mail： liuzhiyiliuzhiyi@sina.com
出版发行： 南方日报出版社
地　　址： 广州市广州大道中289号
电　　话： （020）87373998-8502
经　　销： 全国新华书店
印　　刷： 广州培基印刷镭射分色有限公司
开　　本： 787mm×1092mm　　1/16
印　　张： 10.75
字　　数： 250千字
版　　次： 2010年5月第1版
印　　次： 2010年5月第1次印刷
定　　价： 38.00元

投稿热线：（020）87373998-8503　读者热线：（020）87373998-8502
网址：http://www.nanfangdaily.com.cn/press　http://www.southcn.com/ebook

目 录

Contents

第一章 为什么要服务好顾客

无论你多忙，都要先服务你的顾客。服务顾客的时候，你没有借口，因为顾客才是你真正的老板，顾客才是真正为你的工作支付薪水的人。

第二章　顾客为何弃你而去

任何借口都不能掩饰你服务的缺陷，而只会加重顾客对你的不满。所以，当顾客有抱怨或不满时，最好的办法是为可能造成的顾客的不便立即向顾客道歉，从而取悦顾客。

第三章　顾客不满意的12条黄金定律

要赢得顾客服务这场战争，我们首先要知道是哪些因素导致顾客不满，是哪些事情可能导致这样的风险——让我们失去了一个又一个的客户。

第四章　如何超越顾客的期望值

优质的服务公司，不管具体从事的是什么行业，总会用双倍的努力为顾客提供出乎意料的服务，让顾客不断发出“哇”的赞叹声。

第五章　顾客服务的十大信念

要训练任何员工，必须先让他们从思想上相信顾客服务的十大信念。只有让他们从思想上相信了这十大信念，他们的服务水平和服务

意识才会好起来。

第六章　服务顾客的十个关键时刻

抓住服务的关键时刻，就等于按住了顾客的心动钮，可以达到四两拨千斤的作用。在对的时间里做对的事，最容易俘虏人心了，而服务顾客的精髓也就在于此。

第七章　建立以客为尊的服务系统

卓越的服务要通过管理才能实现，所以企业既要让员工满意并忠诚，也要通过实施差异化、精细化的客户管理，收获客户的满意与忠诚，并使客户管理效益最大化。

第八章　一流企业的服务信条

市场上成功的企业往往都是具有服务优势的企业，他们成功的服务理念和信条都值得我们学习和借鉴。学习世界前沿的服务，创造自己的商业奇迹。

推荐序

很庆幸，我能为杜老师的新书——《如何永远赢得顾客》写推荐序。很早之前，我就阅读过杜老师的许多作品，也上了不少杜老师的课程，从中受益匪浅。特别是杜老师的“如何永远赢得顾客”这个课程给了我工作上很多的帮助，在此我要再次感谢杜老师。

在众人的殷殷期盼下，杜老师终将他的“如何永远赢得顾客”这个课程中的精华浓缩成书出版。这本《如何永远赢得顾客》是因应新营销环境的发展而诞生的。我们现在所处的市场环境已发生了本质的变化，不再是一个以产品为导向的市场，而是一个以顾客为中心，用服务制胜未来的服务市场。

顾客希望产品质量更高、价格更低，可是企业如果一再降低价格，就没有利润。面对这样的困惑，企业应该怎么寻找平衡点呢？是继续打价格战，还是寻找新的突破口？如何在关键的时刻，做对的事情，让顾客对你感到十分满意呢？应该有什么样的信念，才能让你一如既往地服务好顾客？……所有这些问题，杜老师将在本书中一一为你解答，并帮你找到突破的关键点。

本书用通俗易懂的语言为你呈现一个个发人深省的服务案例，并结合作者多年的研究加以点评和总结，提出相应的服务理念和技巧，让你不知不觉中领悟到服务的真谛。本书将助你赢得顾客的购买和忠诚，有效地提升企业经营绩效。

希望这本给过我莫大帮助的书，同样能给你带去福音。

《和谐颂》音乐创作人　于艾平

2010年元月

自序

在我的课堂上，经常有学员问我：杜老师，我要怎么样才能赢得更多的顾客？也有人问我，为什么他们产品的质量更高了、价格更低了，顾客却不见得比以前多，甚至曾千辛万苦开发的顾客，竟然出现了投向竞争对手的怀抱的现象？这其中的原因当然有很多，但最关键的是他们的服务出了问题。这可不是我说的，而是权威机构调查出来的。现在的营销环境已发生变化，过去传统的“以产品为导向”的营销理念已经被“以客户需求为导向”的崭新理念所代替。同时，随着科技的发展、产品同质化的加剧，产品的品质和价格已不再是竞争的绝对优势了。在这种新的竞争形势下，仅靠高品质和低价格是不能完全赢得顾客的青睐的。

据有关数据统计，68%的顾客不上门是因为你的服务品质太差了。可见，任何企业想赢得更多的顾客，让更多的顾客再次上门，就要重视顾客服务这一竞争利器，才能为企业创造利润，赢得市场。

事实上，很早就有人将国外先进的服务理念引进国内，比如“顾客是上帝”“顾客永远是对的”等。然而，这些国外的先进理念到了国内似乎有些水土不服，更让很多企业头痛的是，一旦他们执行起这些来往往也是“走样”，最终导致服务理念变成空洞的口号。很多企业苦于此，却找不到突破口。

正是在这样的情况下，我在学习国外先进的服务理念的基础上，结合中国的实际状况及我十几年的市场实践经验，研究出了一套适合中国本土企业实际的服务训练系统。我将这些理念总结成易学易用的实战技巧，在课堂上与学员们分享，并使他们的服务好了起来，业绩也因此而迅速增加。可是，每当课程结束后，很多学员仍感意犹未尽，希望我多讲一点，甚至希望我写这方面的书，这样他们就可以反复地学。面对大家的期待和厚爱，我将有关服务方面的演讲精髓汇集成书，也就是读者现在看到的《如何永远赢得顾客》。其实，本书的内容非常通俗易懂，很多故事和案例都是发生在我们身边，甚至有可能是你曾经遇到过的。之所以选择这些众所周知的案例，是希望能让你从熟悉的事件中领悟服务的真谛，让你用最快的时间掌握赢得顾客的关键技巧。书中也没有晦涩难懂的理论，更注重的是实用、实战。而全书主要是围绕服务的关键要素来谈的，比如，顾客不满意的12条黄金定律、如何超越顾客的期望值、顾客服务的十大信念、服务顾客的十个关键时刻、建立以客为尊的服务系统及世界一流企业的服务理念等等。

《如何永远赢得顾客》这本书是我多年累积的心得体会和实战经验，希望对广大想提高服务质量、赢得顾客的读者有帮助。

杜云生

2010年元月

第一章

为什么要服务好顾客

无论你多忙，都要先服务你的顾客。服务顾客的时候，你没有借口，因为顾客才是你真正的老板，顾客才是真正为你的工作支付薪水的人。

本章要点

你的钱从哪里来

一个企业最重要的任务只有两件事

顾客满意是生意兴隆的关键

你的钱从哪里来

我们每天都要跟钱打交道，但你知道你的钱是从哪里来的吗？

每当在课堂上，学员们迫切地要求我教他们如何赚大钱的方法时，我就会问他们：你们的钱是从哪里来的？

为什么我要问他们这个问题呢？因为他们只有先弄懂了这个问题，才能掌握赚大钱的方法，才会找到赚钱的源泉。

学员们的回答让我很吃惊，答案也是五花八门，但没有几个人是回答正确的。

他们有的说，钱是从银行那儿来的；有人说，钱是从老板那儿来的；也有人说，钱是从经销商那儿来的……

当时，听到这样的答案，我真的有几分遗憾，这一群天天在服务顾客的人，竟然没有几个知道他们的钱真正是从哪里来的。我想，我讲到这里，你应该猜到钱是从哪里来的了吧？对了，***钱就是从顾客那里来的。***

很多人对此不太理解，其实这个道理很简单。我们就以银行为例，如果你还坚持你的钱是从银行来的，那你再仔细想想，银行的钱又是从哪里来的。银行的钱不也是客户存进去的吗？如果没有客户去存钱，银行怎么会有钱贷出去，又怎么能赚到钱呢？再说企业吧，企业的钱同样也是从顾客那儿来的。我们可以设想一下，一个企业如果只有董事长、总经理、高层管理人员、中层管理人员和员工等，但就是没有顾客，那么，这样的企业会赚到钱吗？当然不会，很可能股东投入的钱也很快就会被花光光了。现在你对钱从顾客那里来的这个答案应该心中有数了吧。

但你知道为什么顾客愿意把钱掏给企业吗？这是因为企业有好的员工，而好的员工能提供好的产品和服务。而如何调动员工的积极性，让员工充满热情地去服务好客户们，这就需要企业中的管理者们能聘用好的员工，并把他们开发和激励好。但如果管理者缺乏领导能力和艺术，就会影响到企业对员工的吸引、保留和激励。由此可见，***服务好客户才是企业赢利的关键所在***。这也是本书讲述的重点，服务好顾客就可以创造源源不断的利润。任何一个想要赚到大钱的人，就要从这一秒钟开始知道如何去服务好顾客，如何永远赢得顾客的青睐。记住：赢得了顾客，就获得了财富。没有顾客的企业，就没有存在的可能，更别谈什么利润了。接下来，我们就此问题进行分析和探讨。

一个企业最重要的任务只有两件事

我们已经了解到钱从哪里来的，这就等于找到了赚钱的源泉。那么，如果企业要想赢利，就要怎么样呢？就要拥有顾客，对不对？

顾客是企业产品销售的市场，是企业赖以生存和发展的“衣食父母”。而在今天的市场经济大潮中，谁赢得顾客，谁就赢得市场，谁的企业就能够有所发展。所以本书将要告诉你企业经营的不二法门——如何永远赢得顾客。世界级的管理大师彼得·德鲁克说，一个企业最重要的任务只有两件事，第一件事是创造顾客，而第二件事是保留顾客。

任何一个企业，为了让其产品能好卖，都会做一系列的营销工作，如请推销员上门推销产品，制作网页在互联网上宣传，举办经销商大会，在各种媒体上投放广告，派发宣传单……企业所做的这一切工作，都是为了达到同一个目的——创造顾客。可是，一个企业除了会创造顾客还不够，还要会保留顾客。只有这样，企业才能真正赢利。

假设一家公司源源不断地开发大面积的市场和大量的客户，但是留不住顾客，顾客只要跟他们做一次生意，就再也不会回头跟他们做生意了。如果不能做回头生意，也就意味着这家公司要不断地开发新顾客。试问一下，一个缺乏老顾客回头消费，要不断开发新顾客的公司能赚到大钱吗？在这里，我可以肯定地告诉你，这样的公司是赚不到什么大钱的。这是为什么呢？因为它永远要用最大的成本去开发客户，而且要不停地开发，企业才能维持一点点生存的利润空间。最终，企业会因为开发市场成本太高而不堪重负。

如果你既会开发客户，又会保留客户的话，那么你经营企业的成本将大大降低，同时还能获得高额的回报。接下来，我们就来分析其中的缘由。如果一个老客户会回头来跟你做生意，这时你可能就不太需要花和当初一样的高额成本去开发这个顾客了。老客户回头来跟你做生意，你的获利空间就变得更广了。

所以大量地开发顾客并保留住老客户，才是企业最主要的任务。只有顾客能持续和你做生意，你经营的企业才会更有累积性。比方讲，现在你花了四年的时间去开发顾客，在第四年的时候，你开发的顾客仅跟第一年的一样多，但是因为你前三年开发的顾客不断回头跟你做生意，所以你的业绩不断增加。这个增长的比例有可能是300%，甚至是400%以上。这个可观的利润增长率靠的不是你不断地去开发新顾客，而是老顾客的回头和重复消费。所以，在创造顾客的同时，要努力保留老顾客。而留住顾客的关键，就是服务。在产品过度同质的今天，你想让顾客死心塌地、一如既往地选择你，服务好顾客才是制胜的关键。而服务只有做到让顾客满意，才会让你的生意兴隆。这是为什么呢？下面，我就给大家做一个详细的分析。

顾客满意是生意兴隆的关键

顾客是否满意决定了你生意的好坏，那么，要怎么做才能让顾客满意呢？了解这个问题之前，先要弄清一个问题，那就是当你和顾客在一起的时候，世界上最重要的人是谁？这个问题，我也常常在课堂上问我的学生。

在场的学生听到我这样的提问后，都毫不犹豫地回答我："当我和顾客在一起的时候，世界上最重要的人是顾客。"我相信正在看本书的你也会这样回答。因为刚才我谈到了企业最重要的是顾客。没有顾客，企业就没有利润；没有顾客，企业就没有收入；没有顾客，董事长都没饭吃。所以大数人会根据我刚才的这个观点得出这样的结论。现在我想说的是你们的答案都错了。当你和顾客在一起的时候，世界上最重要的人怎么会是顾客呢？很多人看到这里会觉得很矛盾。现在请你再仔细想想这个问题，然后再回答。当你和顾客在一起的时候，世界上最重要的人是你自己。因为每个人都认为世界上最重要的人是自己。你有没有这样的经历，每次团体照照完之后拿出来一看，请问你第一个看谁？毫无疑问，你首先看的是你自己。如果你自己的样子没照好，你就会说这张照片没照好。为什么会这样呢？这是因为每个人都认为世界上最重要的人是自己。所以我再问你一次，当你和顾客在一起的时候，世界上最重要的人是谁？这回，你一定会认为是你自己了。但是你也不要忘了，顾客同样认为他是世界上最重要的人。所以当你和顾客在一起的时候，只要你让他觉得他是世界上最重要的人，他就会掏出钱来满足你这个世界上真正最重要的人。只有让顾客满意了，顾客开心了，顾客快乐了，你才能永远赢得顾客的心。

企业经营的不二法门就是想方设法让顾客满意。为什么呢？因为顾客是付钱的人，***顾客满意是生意兴隆的关键***。我相信大家都不会反对这个观点，但是很少人知道真正让顾客满意的是什么。怎么样才能让顾客满意？不是你坐在办公室里想，而是要去做问卷调查和市场调查。我问过很多商人以及来上我课的学员：到底顾客要的是什么？结果很多人告诉我，顾客要的是价格低。没错，每个人买东西的时候，都喜欢价格低，价格越低他越满意，对吧？大部分人是这样想的，我

图 1

想你也不例外。但是如果我们为了要让顾客满意而把价格压低，结果却让我们做生意失去了利润。做生意没有利润就是一种失败，做生意没有利润就没有意义，做生意没有利润我们就不如不做。所以这是企业经营中一个非常大的矛盾点。商人如果没有利润就等于失败，而顾客又要价格低才会满意，那么我们既想要让顾客满意，又不想让价格变低，怎么办呢？

答案是服务。用服务来作为一个平衡器。顾客满意要价格低，而我们做生意没有利润等于失败。解决这个矛盾的平衡器是服务（见图1）。服务要好到让顾客满意地付出我们要的价格。这就是我们学习本书的一个重要目的。

本章小结

1. 钱是从顾客那儿来，所以服务好顾客企业才会赢利。

2. 企业最重要的两件事，就是创造顾客和保留顾客。

3. 让顾客满意的不是一味地降低价格，而要用优良的服务让顾客付出我们要的价格。

本章问答

1. 钱是从哪里来的？你过去是怎么想的？

____

____

____

2. 想让顾客满意，你是一味地打价格战，还是通过服务找到利润的增长点呢？

____

____

____

第二章

顾客为何弃你而去

任何借口都不能掩饰你服务的缺陷，而只会加重顾客对你的不满。所以，当顾客有抱怨或不满时，最好的办法是为可能造成的顾客的不便立即向顾客道歉，从而取悦顾客。

本章要点

顾客有抱怨不告诉你

顾客不上门的原因

把顾客心中的不满抚平

如何让有抱怨的顾客为你赚钱

顾客有抱怨不告诉你

再好的产品，再好的服务，都会有让顾客觉得不满意的地方，都会存在顾客抱怨。处理得不好，将会使公司失去顾客甚至失去更多的潜在顾客；处理得好，则可以提高顾客的满意度，进而提高顾客购买欲望，其结果是为企业带来更大的利润。然而，我发现很多企业并不重视顾客的抱怨，甚至认为顾客的抱怨是一件很麻烦的事。顾客的抱怨不是麻烦，而是机会。在商界就流传这样一句话："抱怨是金，投诉是宝。"一个没顾客抱怨的企业是危险的企业。事实上，很多顾客遇到不满意绝不抱怨一句，而是直接投向竞争对手的怀抱。不信，我就提一份全美国权威的营销调查给你看，你就知道有多少顾客默默离你而去了。

这一份资料是根据消费者的市场调查而统计出来的，是一份能让每一个企业听到市场上顾客声音的统计调查。

一般的企业只能听到4%不满意顾客的抱怨，而剩下96%的顾客则默默地离去（见图2）。也就是说，如果有100个不满意的顾客，你只能听到4个抱怨的声音，而那剩下的96个顾客则默默地离去，这部分人对你非常不满意，但他们就是不告诉你。

当你身为顾客，却对所受到的服务不满时，你是会向服务人员提出抱怨，还是一点都不抱怨，然后心里面就记住，这家店对你不好，下次干脆不来了？如果你有这种经验，就表示你的顾客也会这样。他有抱怨，有不满意，却不告诉你。96%的顾客是这样默默地离去，而这默默离去的顾客当中，91%的顾客是永远不会再上门了。

图 2

从这一份资料，我们可以知道大部分顾客有抱怨，但却不说出来。他们把抱怨埋在心里面，他们不愿意讲，他们懒得讲。他们大不了去你竞争对手那里买东西，他们大不了用脚投票，用钞票投票，投给你的竞争对手。他们宁可这样，也不愿意告诉你原因。所以当你听到了一点顾客抱怨，你就要十分警惕了。因为这可能只是冰山一角而已，还有很多是被埋藏起来了。如果你对此满不在乎，那么不满的顾客就会转身离开，不再光顾，最后可能会影响你的企业的生存。

顾客不上门的原因

顾客就这样默默地离你而去，顾客就这样再也不跟你做生意了，你却不知道原因何在。如此一来，你怎么可能把生意做好呢？任何一个行业，顾客毕竟是有限的，特别是优质的客户，更是弥足珍稀的，20%的优质客户能够给一个企业带来80%的销售业绩，这是个恒定的法则。

有关顾客为何不再上门购买的原因，有人调查统计出来了。接下来，我就把这份权威的统计资料拿出来和你分享，希望能帮你找到原因所在。

调查人员调查时，他们对顾客提出一系列的问题：你为什么现在不再去那家餐厅了？你为什么现在不再买那家的衣服了？你为什么不再去那家美容院了？你为什么不再和那家公司打交道了呢？……通过这份问卷调查，统计结果出来了，顾客不再上门购买你产品的原因主要有几种（详见图3）：

第一种，顾客搬家了。3%的顾客不再上门是因为他们搬家了，他们已经不住在你这个生意范围之内，所以这部分顾客的流失是没办法的。

第二种，和竞争对手有交情。5%的顾客不再上门是因为他们和你的竞争对手有交情，有关系。

第三种，嫌价格高了。9%的顾客不再上门是因为他们嫌你的产品的价格太高了，嫌你的东西太贵了，所以他们要到别家去买。

第四种，嫌你产品的品质不良。14%的顾客不再上门是因为你产

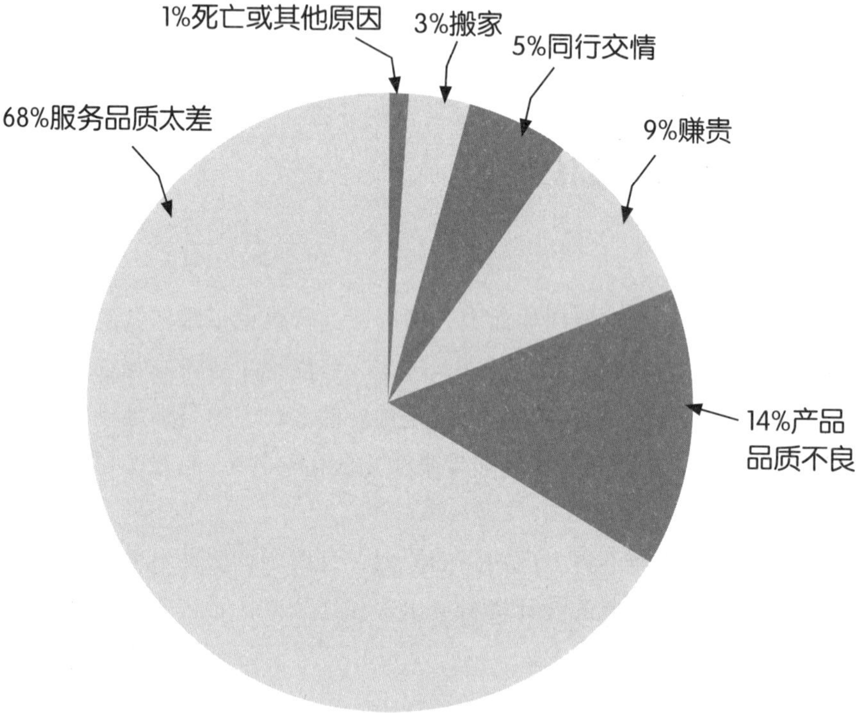

图 3

品的品质不良。尽管有部分顾客因为你产品的质量不良而离开你，但这还不是顾客不想上门的最主要原因。

第五种，嫌你的服务品质太差。68%的顾客不再上门是因为你的服务品质太差了。

第六种，死亡。1%的顾客不再上门可能是他已不存在了。

看完这份统计资料，你有何感想？顾客不再上门购买你产品的关键原因不在于产品的质量和价格等因素，而是你服务的品质。

在商业竞争日益激烈的今天，我发现企业面临的主要问题不再是商品的质量或价格，而是服务的品质不良。如果说顾客是企业的生命，那么服务就是维持这种生命的血液。然而在市场经济发展中，服务是最不受重视，也是最薄弱的一个环节。大多数商人认为顾客要的就是价格低，品质好，所以他们很少会去重视服务这一个环节。直到竞争越来越激烈，大家才认识到服务的重要性，服务态度也才开始发生好转。在当今竞争日益激烈的商业世界里，同行间的产品的品质已经同质化，品牌也一样强大，价格已经一样低，最后竞争的通常都是比服务了。

根据全球市场营销最权威的美国市场营销学会调查：***一个企业重视服务平均年收入可以增长12%，而不重视服务的企业平均年收入只成长1%。***

看了这组调查数据，你不禁要问：杜老师，为什么不重视服务的企业，收入还可以增长呢？没错，不重视服务的企业的收入是在增长，但是它增长的速度比别人慢了11倍。这些不重视服务的企业，收入之所以不会衰退，原因在于它的行业整体上是呈上升水平的，并且顾客的需求量也是在上升的，这就致使它的饼在变大，所以表面上看起来它是赚钱的，它的收入比去年增长了1%。而重视服务的同行的竞争对手，收入增长的速度是他们的12倍。***一个企业重视服务，平均市场占有率增加6%；一个企业不重视服务，市场占有率下降2%。***

接着，我们继续分析，不重视服务的市场占有率下降了2%，重视服务的市场占有率增加了6%，为什么市场占有率下降了，企业年收入还在增长呢？这是因为它的饼比原来更大，虽然它的市场占有率比原来少2个点了，但是它的基数变大了，它的行业的增长变快了，所以它表面上看起来年收入还是增长的。但这只是表面现象，事实上，这些不重视服务的企业的效益是在衰退的。

这些企业现在之所以还能赚钱，是因为运气好或者是它的机遇赶上了时间或者它的行业正在成长。但是你真正的品质、竞争力、价格、服务水平够不够好，这些要在你的同行里面横向比较才看得出来。你不能纵向比较，我比去年好多少，我比前年同期好多少，我比三年前同期好多少。这种比较要看看你的同行，跟你一起起步的公司比你增长率高了多少，它比你市场占有率高了多少。只有这样比较，才知道你的竞争水平。

很多老板在抱怨，为什么生意越来越糟糕？为什么消费者不上门？……

对于这样的问题，我是这样回答的：根据研究，不满意的顾客会把他的不满意平均告诉8到10人。也就是说，一个不满意的顾客他不一定会跟你抱怨。因为只有4%的顾客会抱怨，而另外96%的顾客尽管他们没有向你抱怨他们的不满，但也不见得他们会把对你的不满意窝在心里，他们会去把他们的不满意告诉8到10人，甚至其中有20%的人会告诉20个人以上。所以一旦出现了不满意的顾客，你就要十分重视他们，因为满意的顾客会帮你在外面塑造良好的口碑，而不满意的顾客会在外面给你传播坏的口碑，从而造成极大的负面影响。所以，你现在要把这句话铭记于心：如果有100个不满意的顾客，就有96个可能会在外面将他的不满意告诉8到10人，甚至里面有20%的人会告诉20人以上。下面，我举一个我亲身经历的例子，你就会知道服务品质不好所造成的影响了。

记得是在1996年的一天，我和朋友来到了东北的一个城市。刚好到了吃饭的时间，我和朋友走进了一家四川酒楼吃饭。进去之后，我们就点了一些小吃、汤圆、小菜之类的东西吃，还喝了茶，感觉那里食物和茶的味道都不错。于是，第二天，我又约上朋友一起去这家酒楼吃东西。这天的食物依然很美味，让我们大饱口福，所以我们像上了瘾一样，决定第三天再去吃。因为这家酒楼的东西的味道实在不错，我连续在那儿吃了一个星期的四川成都小吃。我算是一个好顾客，因为一个好顾客一旦满意了，会持续不断地回头来消费的。

可是在第七天，也就是我最后一次去那儿的时候，发生了一件不愉快的事情。我像往常一样，进去后就点了一盘小菜、一碗茶，最后还点了一碗小碗的牛肉面。可是在吃牛肉面的时候，我发现里面有一只蟑螂。一看到汤面里有蟑螂，我心里感到非常不舒服，马上把面和筷子放下，请服务员过来看。

我对服务员说："服务员，请你来看一下，好吗？"

服务员反应比较迟钝，过了好久，才看了我一眼，问道："先生，什么事？"

我指着碗里的蟑螂说："你看这个碗里有什么？"

那名服务员一脸茫然地回答："先生，我看不出来这碗里有什么东西，不就是牛肉吗？"

无奈之下，我只好让他叫他们的经理过来看看。

在我的再三要求下，这名服务员只好把他们的经理请过来了。

这名经理穿着职业装，一副精明干练的样子，他一走过来就问我："先生，请问有什么事呢？"

我又指着碗里面的蟑螂，说："你看一下这里面有什么？"

这名经理一看，二话不说就马上把碗拿起来，并掩盖着走了，似乎是不想让任何人看见的样子。他就这样走掉了，没有跟我道歉，也不做任何的解释。

经理走了后，我边等边想："怎么会这样呢？出现这样的事情，他应该赔偿我才对。如果不赔偿不道歉，这是说不过去的。最起码要免单，如果没有免单，这一餐打个折也是应该的吧？”

我心里面的期待，不知那名经理是否知道。可是他就这样拿起碗来就走掉了，我心里是十分纳闷的。

等了十几分钟，那名经理终于回来了。他是这样对我说的：“先生，夏天厨房难免有一点脏，我已经通知他们把厨房打扫干净，并让厨师注意饮食卫生。现在，你要不要再来一碗牛肉面呢？”

这名经理这样一问，我犹豫了片刻，心想：万一他再送来的牛肉面就是刚才的那碗，他只不过是拿到厨房里，把蟑螂取出来罢了。如果真是这样，就再给我上一碗，那还得了；万一再送来的这碗牛肉面和刚才的那碗是一锅一起煮好的，我同样也是会喝到蟑螂的洗澡水了。所以我坚定地对说他：“不要了。”

我一说不要了，他就说：“好！先生，我先走了。”

那名经理真的就这样走了。虽然我不想再吃一碗面，但他也应该对刚才的事表示道歉才对，可是他从头到尾没有这样做。

如果我去医院检查一下，检查费要花多少钱？如果我投诉一下，让新闻媒体记者来曝光一下，或者卫生局的人来他这个店里找一下麻烦，我看他的损失就不止这一餐所花费的金额了。所以，我觉得他们应该给我免单，甚至赔我钱。如果没有免单或者赔钱，那最后应该会打折或者道歉吧？无数个想法在我脑海中闪过，可是我不知道他们是在搞什么鬼，那个经理走了之后，我整整在那儿又等了20分钟，就再也没有人理我，也没有消息。最后，我没有耐心再等下去，就想买单走人算了，于是我叫服务员过来结账。

请问，你认为我要不要抱怨呢？

我想是没有必要抱怨了。

为什么不要抱怨呢？因为我刚刚抱怨过了，但他不解决。我抱怨过了，但他不满足我；我抱怨过了，他却不来安抚我。所以我现在认为再抱怨也没有用了。这个店的水平就这样了，我有什么办法呢？想到这儿，我真的不再抱怨了，马上让服务员结账。结完账，服务员递给我账单说："先生，一共12.5元。"我一听，怎么一毛钱也没有少啊！

看到这里，你认为我要不要抱怨呢？当然是不要抱怨了。我心想：12.5元就12.5元，这点钱算什么呢！我从口袋里拿出13元，并对那个服务员说不要找了。买完单，我准备离开时，遇到了刚才那名经理。他跟我打了个招呼，还微笑着对我说："先生，欢迎下次再来光临！"

这样的服务，我下次怎么可能再回头光顾，但我不想抱怨了，就骗他说："好，没问题！我下次一定再来。"然后，我就笑着离开了，不再对此抱怨。

对于这种不抱怨的顾客，你觉得好不好呢？

我想，你可能会说好，对吧？

其实，你错了。就是这种"好"顾客害了你，就是这种"好"顾客，害得你生意越来越糟糕。

这种顾客他有多好，你知道吗？现在我就一一列给你看：

你对他不好，他也不埋怨；

你打他骂他，他也打不还手，骂不还口；

他遇到不好的待遇，他也不会给你脸色；

他永远对你微笑；

他永远不抱怨；

他永远没有怨言；

他永远把他所受到的不好的待遇埋在心中；

他永远按时付钱；

他永远不会对你有任何的投诉。

看到这些"好"顾客的种种好处，你一定很激动吧？因为他们为你省去了多少麻烦事。但在这里，我要告诉你，就是这种"好"顾客害了你的公司。为什么？

因为他是“好”顾客的同时，也是永远不会再上门的顾客。这种顾客让你都不知道你犯了什么错，让你都不知道他为什么不来了，让你都找不到他，让你一直不能改善你的错误。就因为这样，你一直不能提升你的管理水平，一直在犯同样的错误，一直在得罪顾客，一直让你的企业不断地流失顾客、无法保留顾客，最终他害了你的生意，让你不知不觉地被麻痹。在市场成长的过程中，你以为你具备非常良好的管理水平，因为你在赚钱。可是市场一旦不景气的时候，最先倒下的就是你这种公司，因为“好”顾客害了你。

你能明白我所讲的吗？我的意思是说***不要以为不抱怨的顾客就是好的顾客***。那些不抱怨的顾客，表面上看起来是最好的顾客，实际上他是不想向你投诉，不想跟你讲了，他是最无法帮助到你的顾客。有抱怨的顾客才是最好的顾客。如果你能理解这个观点，你就会重视顾客的抱怨。

当时我想说：既然我投诉，经理也不给我解决；既然经理都不帮我解决，我还有什么好说的呢？我就这样下了楼。“秀才遇到兵，有理说不清”，就当我倒霉，下次不来就好了。当我走出那个酒楼门口，我回头看一下这个酒楼的招牌，并把它暗暗记在心中，对自己说再也不要来这里消费。

自从那一天以后，我就真的再也没有去那儿吃东西。一个每天去吃他家小吃的人，一个每天带朋友去吃东西的好顾客，一个连去了七天的好顾客，就这样永不再来了。所以现在请你计算一下，他的损失有多大，他的损失有没有超过12.5元。当然有啊！不信，我就马上算给你看。现在不止我一个人不去那里消费了，连我的朋友也不去了，而且我还经常把这件事讲给我身边其他的朋友听，叫他们别去那家巴蜀酒楼吃饭了。甚至我在和我的学生聊天时，谈到有吃饭的事，我也会跟他们说：“你们要吃四川小吃，可千万不要去那家叫巴蜀酒楼的吃，他们的饭菜有蟑螂。”

假如你听到有人这样跟你形容这家酒楼，你还敢不敢去那儿吃东西，我想没有人敢去了。这也说明了***好顾客会为你带来好顾客，而坏顾客会在市场上帮你砍掉很多好顾客，会帮你得罪更多顾客，会帮你传播你的负面口碑***。这叫做“好事不出门，坏事传千里”。一个顾客不满意就会把他的不满意告诉8到10人，其中20%的人会告诉20人以上。我看巴蜀酒楼有一点忘记了，刚好我是一个职业的培训师、演说家和讲师，所以我特别喜欢讲。我从1996年到现在2009年，这13年来，我不止告诉20人以上的。因为每一年来听我演讲的人就有几万人，而看过光碟和书籍的人大概也有十几万人，所以这13年来听过这个故事的人大概有上百万了吧。当时巴蜀酒楼就因为12.5元造成这么大的负面影响，你看是不是非常不划算。如果巴蜀酒楼当初帮我解决好了，事情会怎么样呢?

记住：***一个负面的印象留给顾客之后，要12个正面的印象才能补得回***。什么意思呢？它的意思就是，今天你把顾客得罪，如果你想要挽回这位顾客，你至少要做12次的好事，大概才能在顾客心中抹平你给他造成的负面印象。而且你所做的这12次好事，还没有让顾客得到一个正数的印象，只是打平而已。由此可见，顾客心里面负面的印象永远大于正面的。而为什么好事不出门，坏事传千里，也是这个原因。

既然问题出现，那接下来怎么办呢？

把顾客心中的不满抚平

接下来，我要教你怎样把顾客心中的不满抚平，并且用最快、最短、最省成本的方法去抚平。然后，再教你怎样让有抱怨的顾客再度光临，甚至让有抱怨的顾客为你赚更多钱。

抱怨要处理，抱怨要解决，投诉要重视。如果你把抱怨处理得好，70%的顾客会再度光临。也就是顾客有抱怨的时候，你马上处理，10个中有7个会再给你机会的。为什么呢？

要回答这个问题，你就要懂得顾客的心理。现在我跟你分析一下顾客的心理。

你想想看，当你是顾客的时候，你会投诉代表什么，你会抱怨代表什么？代表你的不满意想宣泄出来，让商家能够看到、听到、感受到，并且希望他们能马上来为你做一个安抚。把你要做的事情做好，把你的投诉解决掉，让你再度满意，是你的目的，对吧？如果人家马上来解决的话，感觉人家态度这么好，这么有诚意，“人非圣贤，孰能无过”，谁做生意不会犯错。如果你感受到别人马上有诚意地来为你解除抱怨的态度，甚至真的处理得非常好的时候，你是否会觉得这家店不错，下次再给它机会呢？如果是的话，将心比心，你的顾客也跟你一样，10个有7个会再度光临。下面我就讲一个案例和你分享，看看别人怎么处理顾客抱怨，从而再次获得顾客的芳心。

记得有一次，我到一家广东餐厅去吃饭。当时我点了很多菜，其中有一道菜是一个鱼头煲。点完菜后，我就告诉服务员，我赶时间，让他们尽快上菜，越快越好。他们果真上菜上得快，可是等我差不多吃饱的时候，我点的鱼头煲还没送上来。我看了一下时间，正是我该走的时候，于是就对服务员说：“请你快一点上鱼头煲，我就要走了。”

服务员很抱歉地说：“对不起，先生，这个菜要煲，所以慢了一点。”

听他这样一讲，我有点生气了：“慢了一点，你怎么不早告诉我呢？我刚才点菜的时候，不是告诉你们我赶时间的吗？你们早告诉我，我就不要这道菜了。现在我要走了，你们这道菜还没上，你让我怎么办？”

我一说完，服务员马上往厨房走去。大概过了三五分钟，他端着热腾腾的鱼头煲向我走过来，说：“先生，鱼头煲已经煮好了。”

我看了一下这鱼头煲，觉得实在是太浪费了，因为我现在来不及吃了。在买单的时候，我投诉了一下：“你们这个菜上得太慢了，现在我希望你能帮我解决一下这件事情。”

餐厅的老板大概知道了我的事情，他马上向我走过来，并且非常歉意地说：“先生，真的很抱歉，这是我们的错。”

一看他态度这么好，我就打消了让他们免单的念头了。毕竟人家也没犯太大的错，是我自己赶时间吃不上。于是我就对他说：“这道菜的钱，我照付。但因为你们上菜上得太慢，我希望你们帮我一个忙，你们帮我留着这道菜。今晚，我还会来你们这里吃饭，到时你们就帮我把这个菜热一下。我不想浪费，你觉得这样行吗？”

我心想这样应该没问题的，可是没想到这个老板说：“先生，不行，因为这道菜上得太慢是我们的错。所以这道菜你不用买单。晚上，欢迎你再来我们这里吃。来了之后，我们会重新帮你再做这一道菜，而现在这个我们自己解决掉。”

当时一听完经理这样说，我心里非常感动，并对他说：“谢谢你！晚上我一定会再来。”

你猜一下，我当晚会不会再去那儿吃饭呢？我当然去，因为我难得遇到一家以顾客为中心，顾客至上的餐厅。

看到这些生活中的小例子，你是不是觉得我的生活经验跟你的是差不多的呢？你可能也遇到过类似的情况，不满意的事件发生了，但人家处理得非常好，你也会再度光临，对吗？

所以，在这里我要再度提醒你，当场解决不满意的顾客的抱怨，95%的人会再度光临。

我举个例子。有一次，我去了一个韩国料理店吃饭。当时，我正好在这栋楼的三楼会议室里讲课。讲完课后，我就下楼去这家韩国料理店吃个便饭。那时，我们是三个人去那儿吃饭的，一到那儿，我就对服务员说："我们只有半小时的时间吃饭，所以请你们快点上菜。"说完，我们就点了三碗韩国拌饭、三碗汤和一盘青菜。很快，他们就把三碗拌饭和三碗汤送上来了，但青菜就没一起送上来。因为要赶时间，我们没等青菜送来，就开始吃了。可是等到我们差不多吃完的时候，还没见他们送青菜上来。于是，我就问了服务员，这到底是怎么回事。

服务员告诉我，他们临时没有青菜了，为了不让我们失望，就派人去附近的菜市场购买。

听他这样一说，我有些纳闷：既然没有青菜就早点告诉我们，我们明明就说了要赶时间的。如果没有我们要的青菜换成别的也好，可是现在我们都要走了，青菜才买回来准备做。最后，我很不满意地对他说，我们不要这个青菜了。

看到这里，我想问你一下，你认为这三碗拌饭钱和汤的钱要不要付呢？当然要啊。

那青菜的钱要不要付呢？当然不要。因为他们没上这个菜，所以青菜的钱不用付是很合理的，对吧？

现在我告诉你的是，我们的猜想是合理的。当时，我拿账单一看，他们果然把青菜那一栏划掉了，上面写了三碗拌饭和三碗汤共70

元。看到这样的收费，我无话可说，因为很合理，所以我就掏出100元给服务员让他找钱。

让我意想不到的是，服务员竟然拒绝收取我任何一分钱，全部给我免费了。

对此，我感到十分诧异，就向服务员解释："我虽然对你们上菜上得慢有点生气，但不至于要你们全部免费，我们不是来吃霸王餐的。青菜的钱不要是合理的，可是这饭和汤的钱还是要付的……"

无论我怎么解释，那个服务员就是不肯收我的钱。后来，老板从里面走了出来，他说："先生，你来我们店里吃饭，没有吃到你喜欢吃的青菜，让你不开心，我们怎么可以收钱呢？等你下次来吃，吃得开心了，我们再收钱。希望你给我们一个机会，下次再上门，可以吗？"

看到这位老板这么诚恳，我说："没问题，我今晚还会来你这儿吃饭的，但这70元，你还是收下吧。"

"那怎么行？"在这位老板的一再坚持下，我只好收回了那70元。最后，我们心满意足地离开了那家韩国料理店，并且在脑海里对这家店打上一个深深的加号。

故事讲到这里，你觉不觉得这位老板很高明呢？这位老板不以顾客吃的东西作为收费的标准，而是以顾客开不开心、用餐的心情好不好来衡量该不该收顾客的钱。这位老板的想法真的是很特别，他的想法也确实把我吓了一跳。

现在我们就借这个案例来分析一下，这个老板这样做值不值。当时，我们是带着好心情离开的，因为人家给我免费。你想想看，他们只是不收我70元，就买我一个满意，买我一个高兴，甚至还买到我对他这个店印象这么好，你觉得这70元花得值吗？事实上这是70元的消费金额，也只不过就三碗拌饭和三碗汤的成本。所以拿这一点小钱来当广告费当然是非常值得啊！你同意我这个说法吗？

回到楼上去讲课时，我马上就把这个故事告诉了我的学生，并且跟他们约好当晚一起去韩国料理店吃饭。当晚，我们就在那儿消费了好几百元。

接下来，我们进一步分析：如果当时这个老板收下我70元，虽然没有收我青菜的钱，你认为我对他印象会这么好吗？你认为我会开心地帮他在课堂上传播他的好口碑的故事吗？当然是不会。我也不会当晚就带一群人去他们那儿吃饭，对不对？因为他们这样做，只会让我觉得那只是一次平淡无奇的用餐经历。

可是，这次不同的是，这位老板在我抱怨后，他不收我70元，让我得到了一个非凡的体验。因此，我对他印象特别深刻，也对他的服务感到很满意。

这就是顾客服务的精髓——让顾客打从内心中惊叹、感叹、发出“哇”的声音，让顾客在脑海中刻下加号和感叹号。让顾客惊喜就是我们学习的重点，而不只是让顾客满意。如果只是让顾客满意，对顾客来说是理所当然的事。所以解除顾客抱怨的关键点就是要让他惊喜，也就是说当场解除顾客的抱怨，那么不满意顾客中的95%会再度光临。

如何让有抱怨的顾客为你赚钱

如果你没解除好顾客的抱怨，你的收入可能就会受影响。接下来，我将告诉你如何让有抱怨的顾客帮你赚更多的钱。

顾客的抱怨被圆满解决之后，他就会把他的满意状况告诉五个人。这怎么理解呢？我接着上面的故事给你讲解。

比如，当时韩国料理店的老板一圆满解决我的抱怨，我就上楼把这个故事讲给全班的每一个学生听。请问一下，我是不是已经把我的满意状况告诉超过五个人了？后来，我把这个故事讲给所有来上课的学员听，算起来，我已经把这个故事告诉无数人了。所以顾客会传好口碑，顾客同样也会传坏口碑。你不要以为满意是让一个人满意，他背后有更多人会跟着听到你的非凡卓越的服务故事。一个不满意的顾客，你也不要以为他就算不了什么，他背后可能代表成千上万的人。

你现在觉得要不要非常重视顾客服务呢？我们要让顾客满意，进而要让顾客惊喜，发出“哇”的声音。当我在课堂上这样对学员讲的时候，就有很多人会问我：“杜老师，现在的顾客太挑剔了，他们一会要这样，一会又要那样。到底要怎么样做才能让顾客满意呢？”要解决这点，就要领略处理顾客抱怨过程中的关键要领。现在我将处理顾客抱怨的十大关键要领一一列出来（如图4），并逐条分析。

1. 顾客永远是对的。顾客有抱怨，你不要作任何的解释，更不可跟他辩解，永远相信付钱的人是对的，有抱怨就是你的错。如：餐厅的老板大概知道了我的事情，他马上向我走过来，并且非常歉意地说：“先生，真的很抱歉，这是我们的错。”

2. 用心聆听。“宁可信其有，不可信其无”。这样做是对顾客的尊重，对他的抱怨的重视。

3. 对顾客的抱怨，首先表示真诚的道歉。对因为自己产品的缘故给顾客带来的不便表示歉意。

4. 承认问题所在。有没有问题都先承认，不是一定要承认产品有问题，而是承认一种现象的存在（顾客已经有抱怨）。比如我有一次在一个酒楼吃饭，有一道菜到我买单时才上，我抱怨了一句。可是没想到这个老板说：“先生，不行，因为这道菜上得太慢是我们的错，所以这道菜你不用买单。晚上，欢迎你再来我们这里吃。来了之后，我们会重新帮你再做这一道菜，而现在这个我们自己解决掉。”

5. 同理心，并表示关心。体谅你的顾客，对出现的问题表示关心。

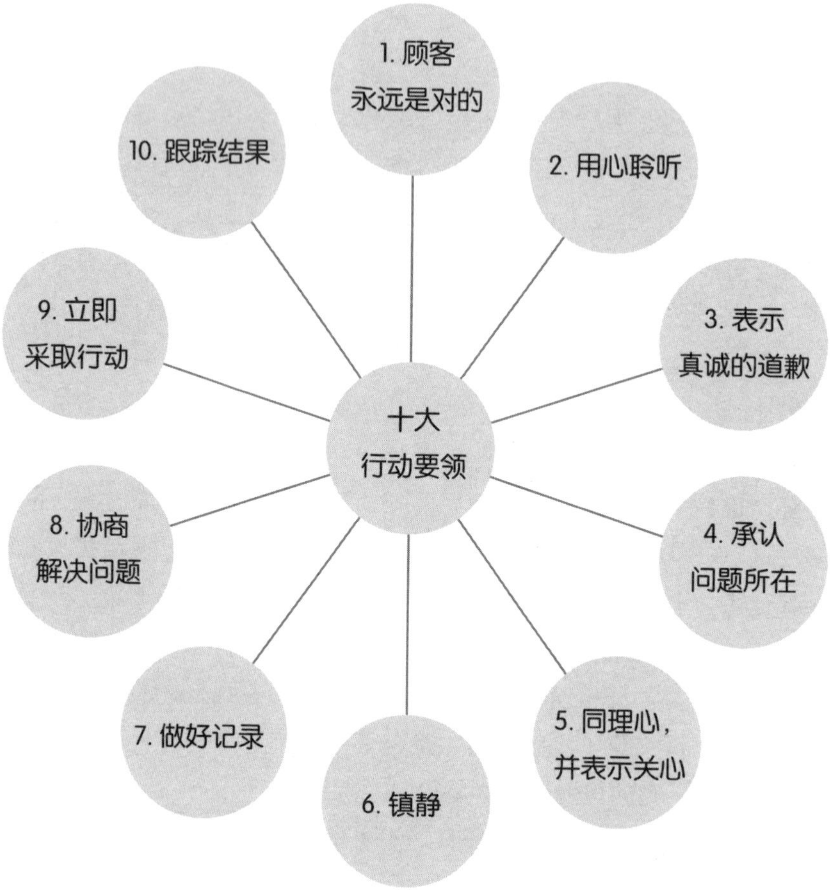

图 4

6. 镇静。不要冲动，尽量让顾客能够在理性而稳定的状况下表达他的不满。

7. 做好记录。如果是与顾客面对面，这是对顾客表现你对他重视的最好方式。记录完后，再询问顾客进行确认。

8. 协商解决问题。可以先提出办法征求顾客意见，也可以询问顾客希望解决的办法。

9. 立即采取行动。明白清晰地告诉顾客你将要采取什么样的行动，作出承诺，并立即实施。

10. 跟踪结果，必须达到使顾客真正满意的目的。

本章小结

1. 顾客抱怨不是麻烦，而是机会。

2. 对于顾客的任何不满和抱怨，要正视并积极解决它，才能使顾客满意，赢得顾客的心。

3. 不要以为不抱怨的顾客就是好的顾客。

本章问答

1. 写下你当顾客时，你不想再去消费的原因。

____

____

____

2. 你做生意的过程中，有一两个顾客抱怨时，你是抱无所谓的态度，还是十分警惕呢？

____

____

____

3. 处理顾客抱怨的十大行动要领，你做到了哪些？效果如何？

____

____

____

第三章

顾客不满意的12条黄金定律

要赢得顾客服务这场战争，我们首先要知道是哪些因素导致顾客不满，是哪些事情可能导致这样的风险——让我们失去了一个又一个的客户。

本章要点

第一条：冷漠的态度

第二条：反应太慢

第三条：买不到他要买的产品

第四条：购买过程麻烦

第五条：太凶了

第六条：收款态度太差

第七条：承诺太多，却兑现不了

第八条：借口太多了

第九条：太急着卖东西了

第十条：形象不专业

第十一条：太计较

第十二条：送货服务太差

顾客不满意就会离开你，你的生意就会受损。如果不及时挽救，最终你的企业就会面临倒闭的可能。这绝不是危言耸听！你可能也曾想过改善你的服务，尽可能让顾客对你感到满意。同时，你又觉得顾客不满意的原因多得让你头晕目眩，让你不知道如何找出最关键的原因，因此，也就无法对症下药。尽管顾客不满意的原因看似有千万种，但概括起来也就那么几条。

接下来，我根据美国市场营销学会做的一个顾客调查给你分析。这份调查将所有顾客不满意的普遍原因，都归纳出来了。无论是汽车业、房地产，还是服装业、零售业、餐饮业，所有客户会不满意的原因，会投诉的原因，一共归纳为以下几条，而且按照不满意程度的先后顺序排列出来（如图5所示）。在接下来的章节，我会对这十二大原因做详细的讲解和分析。

第一条：冷漠的态度
第二条：反应太慢
第三条：买不到他要买的产品
第四条：购买过程麻烦
第五条：太凶了
第六条：收款态度太差
第七条：承诺太多，却兑现不了
第八条：借口太多了
第九条：太急着卖东西了
第十条：形象不专业
第十一条：太计较
第十二条：送货服务太差

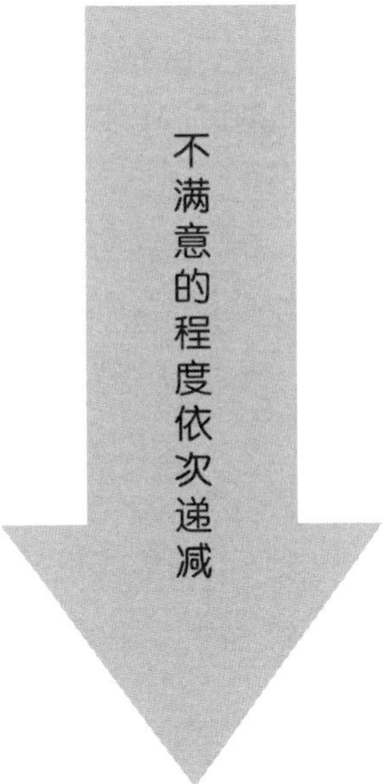

图 5

第一条：冷漠的态度

按照美国市场营销学会的这个调查排行榜，这12个让顾客不满意的原因，位于榜首的就是冷漠的态度。什么叫冷漠的态度？下面，我讲个故事，你就能明白了。

记得有一次，我和一群朋友去深圳的一家大酒楼吃饭。在不远处，我们就看到酒楼的门口站着几名形象良好、穿着旗袍的漂亮迎宾小姐，腰间还斜挂一条红绶带，上面写着：欢迎光临。我心想，这样高级的酒楼，这样形象好的迎宾小姐，她们一定会热情欢迎我们的，服务态度也会不错的。

当我和朋友向她们迎面走过去的时候，那几个迎宾小姐就参差不齐地说："欢迎光临。"还做了一个僵硬的动作——里面请，可是她们脸上却一点笑容都没有，给人的感觉像是站在那里受罪一样。

请你想一想，她们这样子是在欢迎我们吗？

当时，在我看来，她们的言语和动作给人的感觉就是想吃就快去吃吧，快吃快走吧，我们要下班啦！总之，她们的肢体动作、表情、眼神、说话的语调完全在告诉我们：她们很不欢迎我们去吃饭。试问一下，遇到这样的服务态度，你吃饭的心情是不是大打折扣呢？这种冷漠的服务态度，在我们的生活中随处可见。不信，下面我就再举个例子给你看。

因为我常常要到不同地方去消费，下面所讲的这些情况，是我常常遇到的。

有时，我去某些地方，就会遇到这样的情况：走进柜台发现服务员对你爱理不理的，客人来了，他坐在那儿看他的小说、打他的游戏、讲他的电话，甚至是看到你之后，他也懒得理你。还有一种情况，就是有些服务员看到店里生意比较冷清的时候，就会手托着下巴，在那边发呆，顾客来了，他都不知道。在生活中，你有没有遇到这样的服务员呢？看到这样的服务员，你敢不敢跟他买东西，想不想跟他买东西，愿不愿跟他买东西呢？倘若旁边有别的选择，我相信你一定不会在他那家店买东西，对不对？除非是旁边真的没有其他店可以让你选择了，那你最后也只好硬着头皮跟他买东西了。

这是我去小乡镇遇到的情况，这样的服务态度真的是冷到让人心寒。可是，在大城市的大商场里，也不乏这样的服务员。有一次，我到大商场里去购物，看到那里的服务员身穿蓝制服，还边聊天边吃瓜子，对我爱理不理的，他们吃他们的东西，我看我的东西，没有人招待我。看到这样的服务态度，我真想马上转身走人。可是没办法，在其他家商场又买不到我想买的东西，所以我只好硬着头皮在这家商场买东西。

从这些经历中，我总结出一点：所有经济落后的地方和竞争不激烈的地方，他们的服务水平都很差；而所有经济越发达的地方和竞争越激烈的地方，他们的服务水平就越好。如果你想在市场竞争中超越所有的同行和竞争对手，你就要先把服务搞好。如果你能做到这一点，你就能吸引你这个市场内所有的客户跟你做生意。当你的竞争对手意识到这一点的时候，你已经稳操胜券，用服务领先赢得顾客的青睐了。意思就是说，你的行业经过过度的竞争和经济的发展，迟早有一天要重视起服务的，这是一个必然的规律，因为任何行业的竞争，竞争到最后就只剩下服务了。而***服务是永远可以竞争下去的东西***。所以当别人还没意识到的时候，你现在就应该重视起来了。

第二条：反应太慢

美国市场营销学会的调查显示，让顾客感到不满意的第二大原因就是反应太慢。很多顾客抱怨的原因就是服务太缓慢了。顾客常常提起的不满是服务缓慢或者等待时间太长。对于生活在快节奏时代的人们，我相信大多数都讨厌那些拖后腿的事情。所以，一旦你反应太慢或者让顾客久等，他就会显得不耐烦，于是就开始抱怨。

记得有一次，我到江苏的一个城市去演讲。那时，我是住在五星级饭店里面，演讲也是在这里举行的。为了第二天有一个好形象出现在学员面前，当天下午我就特意去了一家美发店理发。

我一到美发店的门口，就看到一排穿黄T恤衫的年轻男孩和女孩站在那儿。我一推门进去，他们很大声、热情地对我说："欢迎光临，里面请。"他们态度非常热情，一点都不像我刚才讲到的那些服务员那样冷漠。一进去，我就对他们说我要洗头和剪头发。我一说完，马上就有一个女孩子带我去洗头。

一坐下来，那个女孩子就给我披上毛巾开始洗头，可是我看到她一边给我洗头，一边看着电视机上面的电视节目。这名洗头妹看电视看得很入迷，时不时还会抓一下我的头发，以表示她是在干活的。我心想：怎么会有这么不专心的工作人员？正在这时，我听到我旁边另一名洗头妹问她的顾客："先生，你今天要剪头发吗？"

"要！"那位顾客重复强调。

这句话似乎把这名洗头妹给惊醒了，她把眼睛从电视机上转移到我这儿，问："先生，你今天要剪头发吗？"

刚才进门的时候，我不是说过了吗，怎么现在又问我这样的问题？于是我不是很友善地说："要，我刚刚就说过我要剪头发的。"话才说完，她又被正在播放的电视剧《流星花园》深深地吸引了。

看了没多久，那个洗头妹突然手停下来了，她都忘记帮我洗头了，是我动了一下，她才想起继续帮我洗。洗了没多久，她又继续看电视剧了。后来，是因为我旁边那位先生站起来去冲水，可能她被站起来冲水这个动作惊醒了一下，她马上看着镜子里面的我，问："先生，你今天要剪头发吗？"

"要。"我到底要说几次，她才能不再问呢？这一次她又接着看电视，电视看着看着，又入迷了。我看到旁边那位顾客已经洗完头，理发师也准备给他剪头发了。可是帮我洗头的那个小妹，仍然津津有味地看《流星花园》，突然插播了广告，这时，她看到旁边的理发师在帮客人理发，立刻又惊醒过来，又问了我一句："先生，今天要剪头发吗？"

"要。"这次我说完之后，她没有继续帮我洗头，而是带我去冲水。冲水的位置很舒适，也有电视机供顾客看。这台电视机也正在播放《流星花园》，这名洗头小妹又开始专心看起《流星花园》来，甚至忘了帮我冲水。这时我心里感觉怪怪的，我怎么来到这个店理发呢？我还没来得及想明白这个问题的时候，洗头小妹就突然给我冲水，结果把水冲得我满脸都是，还滴到眼睛里面。看到这样，洗头小妹也有点紧张了，不断地道歉："先生，抱歉、抱歉、抱歉，我帮你擦一下。"她边说边用毛巾帮我擦，擦完之后，用毛巾把头发一包，又问了我一句："先生，你要剪头发吗？"

怎么会有这种反应迟钝又不专心的服务员呢？从我进门到现在就不断问我这个问题，都已经问了我四次。这时，我火气真的很大，取下毛巾，心情十分糟糕地离开了。我要到别家去剪，再也不会来你们这里受罪了。

看完这个故事，你有什么感想呢？对你的生意有没有启发呢？

我觉得顾客之所以会对这家店不满意，是因为他们的服务人员反应太慢了。你用了一个反应慢的人，想让他很机灵地服务顾客，那我告诉你，你再怎么训练他也是没有用的。企业的系统决定着服务的速度，因为它们包括人员训练、企业布局以及员工的关系等方面。所以，你若不加强人员训练，就会让你的员工帮你天天得罪顾客。

第三条：买不到他要买的产品

第三个让顾客常常抱怨的原因就是买不到他要买的产品。什么叫买不到他要买的产品呢？

有一次，我到一个化妆品店去买A洗面奶，结果服务员告诉我，他们没有这个牌子的洗面奶。既然这个没有，那我就要B洗面奶好了，可是他们这个牌子的也没有。服务员是这样向我解释的："先生，你要求的品牌非常的好，可是我们这里暂时没有。"听到这样的话，我很失望。我之所以会选择来这家店消费，是因为我觉得这家店名声很好，品牌很好，信誉很好以及口碑很好。结果这家店却因为品牌不齐全，而让顾客失望，所以顾客就会对它之前所塑造起来的形象大打折扣，甚至会抱怨。

又有一次，我到重庆去讲课。讲完课，当地的几位朋友带我到重庆很有名的食街去吃饭。一到店里面，我们就先点了他们店里的招牌菜：重庆辣子鸡、水煮牛肉和麻婆豆腐。点完之后，服务员就跑去厨房帮我们下单，可是没一会儿，他就跑回来，说："先生，你点的菜，现在都没有了。"

"怎么没有了？"我不免觉得有些遗憾，"我最想吃的几个菜都没有了。”

那名服务员接着又说：“先生，要不然这样好了，我帮你看一下厨房还有什么好吃的，给你介绍一下。”

既然没有我最喜欢的，那尝试一下其他的菜也可以，我接受了服务员的建议。没一会儿，他拿出一张新的菜单，上面还写着：厨师推荐。服务员还跟我们介绍这些新推出的菜如何的好，我一听就心动，又点中了几道菜。结果，我这次选中的也没有了。于是我立刻放下菜单，和朋友到别家去吃。

当时，是晚上9点多，正是夜市最好的时候，他们却这个没有了，那个卖完了，这怎么能让顾客不抱怨呢？

像上述的这两种情况，我都称之为让别人买不到产品。顾客会对此感到不满意，不是服务态度不好，也不是服务员技巧不好，而你这家店在顾客上门后，却因为货品不足，让顾客买不到自己想要的，所以顾客就会感觉你们服务态度不好，就会对你这家店印象不好。

第四条：购买过程麻烦

接下来第四个就是购买过程麻烦。什么叫购买过程麻烦呢？

购买过程麻烦这种现象在大陆是很常见的，可是我在美国、日本、香港和台湾等国家和地区购物时，就不会遇到这样的事情。

有一次，我去日本一家大商场买东西。商场里，摆有各式各样的专柜，那些专柜有卖衣服的、卖裤子的、卖化妆品的……在那儿，我随便找了一个专柜买到自己想要的东西后，就有服务小姐帮我开单，代我去付钱。因为商场要统一管理，统一结账，任何一个专柜，任何一个品牌都不得私自交易，所以那个服务小姐叫我在那边等一等，然后她就去统一的收银处把缴款手续帮我给办了。办完手续后，她就会把出货凭证给我，并帮我把衣服装好，再送走我。

这样的事在国外是非常普遍的，可是这十多年来，我在大陆很多大商场消费过，但就是很难遇到购买过程可以这样省心省力的。哪怕在上海浦东的某某商厦里面，也难得遇到这样为顾客着想的。不管你买的产品有多贵，多高档，服务员都会来一句：“去收银台结账。”

在这么大的一个商场里，我从一楼逛到二楼，再从三楼到四楼……好不容易才找到他们的专柜，找到自己喜欢的东西，而且这时已经很累了，只想马上下单买他们的东西。可是他们却让我先去收银台结账，再回来提货。此时此刻，我喜悦的心情一下子没了。我是一个花钱的人，应该受到一些礼遇才对，可事实上就不是你所想的那样。我通常听到服务员说：“你去那边结账。”

因为太累了，我非常不想大费周折再去找收银台结账，只想坐下来休息一下，然后让服务员帮我去结账。可是那些服务员往往是摆出一副失去你无所谓的态度，你不买就不买，有时他们会说这样的托词：“很抱歉，我们不能帮客人结账。”“我们店里只有一个人，很抱歉，我们不能离开岗位，你自己去。”……这样的话一说出来之后，我感觉我刚刚跟他买东西，丝毫没有得到他一点的感恩、感谢或想回报之意。碰了一个钉子之后，马上心有不悦，但为了要买他东西，也没办法。可能在中国大陆每一个城市都是这样子的，最后，我只好问服务员收银台在哪儿。

服务员用手指了指，说：“先左转再右转，然后再一转。”我也搞不懂要怎么走，只好边走边问别人收银台怎么走。找到收银台后，还要排长长的队才轮到我。结完账之后，我就拿着单子，再走回刚才那个专柜去取我要买的东西。只是买一件东西，竟要几经周折，这让我非常不喜欢到大商场买东西。有了这样的经历后，我宁可去小档口或者专卖店买东西，因为方便、快捷。即使一定要去大商场买东西，我都会选择到国外去买，感觉还比较好一点。因为我到这些地方去购物很方便，服务员会让我坐在旁边的沙发上等，然后他就去帮我结账。总之，整个购买的过程他们不会让你感到有任何麻烦。

记住：购买的过程一定不要让顾客感到太麻烦。购买过程麻烦让人感觉不满意，这不是我说的，而是顾客投票的结果，是访问市场上的顾客得出来的。

我已经讲了顾客不满意的四个原因了，这些都不是我说的，而是访问市场上的顾客后总结出来的。

看到这里，你可以试着回忆一下，你在当顾客的时候，你会有哪些不满意的情况，通常都是什么原因造成的？仔细想一下，然后一一列出来。

1.

____

2.

____

3.

____

4.

____

第五条：太凶了

第五个让顾客不满意的原因就是服务员“凶”字当头。在调查中，很多人提到了一个字——“凶”，是“凶”字把他们吓跑了。

到底什么是“凶”呢？接下来，我们就来揭开它神秘的面纱。对于这点，我是深有体会的，并且这次经历是我从小到大没有见过的场面。

我大凡举过的案例都是一些正面的例子，但是现在我不得不讲一些负面的，因为你要听到的是真话而不是假话，对不对？

我在这边以一个消费者的立场，来对某些商家，对我亲爱的学员，对着我的读者做一个投诉。我要投诉什么呢？那就是太多人做生意太凶了。

凶到什么程度呢？竟然店员比客户还凶！你有没有遇到这种情况呢？我想，我这时不仅是在为自己申诉，也是在为你讲话。你要是消费者的话，也应该深有同感的。既然我投诉，让老板出来，老板出来了比店员对我还凶，请问，你有没有见过这样的场面呢？我相信应该有吧。

有一次，我坐出租车，一上车就感到出租车师傅比我这个客人还凶。我用标准的普通话告诉司机，我要去哪里。结果，那个司机凶巴巴地用当地方言责怪我，大概是说：“你怎么搞的，路都讲不清楚，我哪知道怎么带你去呢？”

当时，我心想：这事幸好发生在境内，如果在境外，这个人早就完蛋了，早就被警察抓走，不能再开车了。可是，这样的司机我几乎每天都有遇到，后来气得我半死，干脆就不坐出租车了，自己买了一辆车，就不用再受司机的气了。诸如此类的事情不胜枚举，接下来，我再举一个经典的案例和你分享一下。

有一次，我到东北的一个城市去办点事。到了之后，我就在那儿的宾馆住下了。到了下午，我感觉肚子有点饿，就到楼下的一家面包店买面包。进去之后，我夹了一个面包放在面包盘里去买单。结账的时候，收银员说："先生，两块钱。"我掏出两块钱递给收银员，奇怪的是他收了钱之后，就站在那儿一动不动，也不拿袋子帮我装一下面包。我就说："这个你要帮我包起来。"

他说："先生，很抱歉，买超过十块钱才给袋子。"

我说："凭什么这样子呢？我买一个面包也要有袋子啊！"

他说："我们老板规定的，不关我事。"

我说："你不给我袋子，我怎么吃啊？"

他说："你不会用手拿起来吃吗？"声音很高亢。

任凭我怎么说，他就是不肯给我袋子，还差点要和我吵架了。我想：算了，别惹他好了，为了一个袋子得罪他，万一他动起粗来，这多不划算。

我大概在这家宾馆住了一个星期，后来我又去了那家面包店买吃的，因为附近实在是没有其他店了。这次，我一次就买了三个面包，心想：多买点，他就不会像上次那样又不给我袋子了。

结果，一算账，三个面包才5.8元。我把钱给了收银员，并向他要袋子。他还是跟上次一样，说什么要买满10块钱的东西才给袋子。这次，我有点不客气地对他："少废话，让你给袋子你就给，不要再说老板规定和买满10块钱的理由了。"真没想到，他竟然给了我袋子，还说我别那么凶。走了后，我还挺纳闷的，怎么对他凶一点，他反而怕你，早知道这样，我上次就应该对他凶一点。

尽管我是要到了袋子，可是我实在搞不懂其中的原因，直到后来我和一个台湾的朋友一起去一个东北餐厅吃饭才搞明白。

我和朋友去了一家东北自选餐厅，这家餐厅比较特别，在大厅里面的冰柜上摆了一排排的、各式各样的菜。你喜欢吃什么菜，就把它拿到篮子里，然后把篮子放在推车上，等服务员过来帮你送到厨房去。

那时，刚好是吃饭的时间，所以餐厅里面人好多。我和我朋友选菜，写好单子，排着队等着服务员过来把菜推走。可是等了十几分钟，还是没见服务员过来。这时，来了一名东北大汉，他大摇大摆地走到了点菜区，就大声喊服务员过来，一点都不顾个人形象和他人的感受。只是没想到，服务员听到后，马上就走了过来，很客气、很礼貌地问："哥，你好！要点啥？"服务员毕恭毕敬地帮那名大哥点完菜后，就马上把菜篮推去厨房做菜了。

我和我朋友被这一幕吓了一跳，我们温文尔雅、客客气气地排队点菜，并耐心等待服务员过来服务，等了十几分钟都没见一个人过来。没想到，这名刚进来的大哥，不用排队，还用这么粗鲁的态度，却得到服务员热情的服务，真让人心里有点不服气。我想，可能是我和我朋友两个人太客气、太礼貌了，不如我们也学一下这名大哥，看看结果会怎么样。于是，我就模仿东北腔，大声喊服务员过来。服务员一过来就问："哥，啥事？"说完，他马上就帮我们写好菜单，并把我们点好的菜推进了厨房。

当时，我愣住了，没想到这一招真的管用。可是我心里还是挺纳闷：这是怎么回事，上次买面包也是这样子，比他凶，他就给我拿袋子，而这一次也是凶一口气，他就马上服务了。

朋友看到我也用这么粗鲁的态度，还批评我说："你怎么对别人那么凶啊？"

我马上向我朋友解释："你不了解，在这里这不叫凶，他们这里的人喜欢这种说话方式，只有和他们用一样的腔调，他们就觉得你跟他们是自己人、好朋友，所以就会热情为你服务。如果你太客气，他们就感到莫名其妙，觉得你有神经病。"这是我在这里生活了一段时间，总结出来的经验。后来我跟当地的一个朋友聊天，也了解到，他们这不叫凶，这是一种亲近他人的方式。

举这些例子，我想说明的是他们这种方式只适用于他们当地的风土人情，如果到南方或者外国，他们这种豪爽、粗犷的方式可能就会让人感到不舒服。所以想让各地人感受到这里良好的服务，除了豪爽和豪气之外，也适应一下在全世界所推行的礼貌运动，对客人要使用文明的用语，对客人要用文明的语调。我相信这应该是每一个人都很了解的道理。可能经过了30年的改革开放，各地服务水平也提高了，但我们不能只有纵向比较，跟我们当年比好多了；我们更要横向比较，跟国外比。横向比较你才会发现，原来你还有很多不足要改进。

第六条：收款态度太差

接下来第六个让顾客不满意的原因就是收款态度太差。经过调查，很多顾客表明，商家的服务态度在收款前后是截然不同的。商家为了促销成功，为了促成交易，在卖东西给顾客的时候，态度很好，甚至可以把顾客当成自己的爷爷奶奶来对待。但是一旦成交之后，特别是收款的时候，他们的服务态度就会很差，这让顾客心里很不舒服，心理落差也很大。

为什么会出现这样的情况呢？

这是因为你觉得你已经成功地把产品卖给顾客，就不必再像当初那样对他百般迁就、百依百顺，你不再像当初那样对他如此的谦让，所以顾客就会突然感到：第一，有落差了；第二，可能你害怕收款收不到，所以在收款的时候，你就表现出一种付出成本的感觉，以至于你在收款的时候，对顾客的态度甚至有可能很恶劣。所以就算这个款收到了，你也会失去顾客。

你看起来好像开发了一个顾客，收到钱，实际上你流失了一个顾客。所以不要忘记：***留住顾客与收款同样重要***。

第七条：承诺太多，却兑现不了

经过调查发现，第七个让顾客不满意的原因就是商家承诺太多了，却不兑现。其实，这种现象是我们经常遇到的。

我们经常有这种感觉：商家在卖东西给你的时候，会答应你很多要求。可是在成交之后，他们却做不到他们当初所承诺的。所以，在这里我要提醒那些爱承诺而又没能力兑现承诺的商家，一旦你答应了顾客，但又没做到，即使你当时能与这名顾客成交，但事实上，你已经失去了他。因为你不讲信用，造成不良的口碑，顾客会帮你宣传坏的口碑，对你的影响可能更大，所以不要为了短期的、眼前的成交，而失去更多的长期客户。

我在课堂讲到这一点时，有一名学员激动地站起来分享了她是如何践行服务承诺的。她是深圳一家珠宝店的老板，生意做得非常好，在当地也颇有影响力。她在做生意的过程中非常注重承诺，只要是承诺了顾客的事，她就会全力满足；如果是超出了她的能力范围，她就决不会承诺顾客的要求。她告诉我们她经常会为了一句承诺做不到而内疚，睡不着觉，甚至会有负罪感，所以她对顾客的承诺就非常谨慎。她这种注重承诺、谨慎承诺的态度深深地感染了她的员工，从而使她的员工也身体力行，进而把这种精神传递给了顾客，结果顾客反而对她们的服务感到很满意，公司的业绩也因此而增长了。

所以，不要为了一时留住顾客而承诺了许多你将来做不到的事，这样反而会损坏你在顾客心目中的印象，甚至你会为此而付出惨痛的代价。

记住：***承诺永远比你能做到的稍微少一点，到时候你总是会超越顾客的期望，这样顾客反而更喜欢你。***

第八条：借口太多了

顾客不满意的第八个原因就是他们认为这些企业、商家、服务人员借口太多了。什么叫借口太多了？

有一次，我到餐馆去吃饭，发现他们的米饭太硬了，我就对站在一旁的服务员说："你们这个饭有点硬。"

你知道我这样客气地告诉他们，是为了什么吗？我是想暗示他，我的饭太硬了，希望你能帮我赶快解决一下。当然，解决的方法有很多，他们可以把饭拿回去再煮一下，或者重新再帮我上一碗。不管他们用什么方法都可以，关键就是能解决我的问题。

可是，每当我吃饭遇到这样的问题，向服务员反映时，他们就喜欢告诉我一大堆的借口。

记得那一次，服务员就是这样对我说的："先生，我们这边都是吃这么硬的饭，我们这边人的口味就是这样的。先生，你大概是吃软的饭吃习惯了吧？"

我一听，就想，这个服务员怎么这么不懂顾客的心，我的意思是这个饭太硬了，你赶快帮我解决，而不是向我解释。可是，这名服务员却在那边一直跟我解释，他们这边就是这样的，以前都是这样的。

我在想，这名服务员之所以会一直在解释他们这边就是吃这样的饭，他们没有犯错，大概是有一点害怕我责难他、刁难他、为难他。

其实，我并不是想要计较谁对谁错，我来吃一餐饭，也不会因为

这点小事就跟你打官司。我想要的是你赶快给我换软一点的，这样吃起来牙齿就不会有痛的感觉了，但是他就是不能理解我真正的要求。

所以记住：***顾客要的是解决，而不是解释；要马上提出解决方案，而不是解释方案。***

后来，又有一次，我到另外一家餐厅吃饭。那时正好是夏天，一吃饭就流汗，尽管餐厅里是开着空调的，但实在感觉不到凉快。我就立刻对服务员说："你们这儿太热了。"

服务员没听出我的意思，他反倒给我解释了一堆理由："先生，是你们喝的汤太热了。""先生，是你们的菜太辣了。""先生，可能是你穿太多了。"

此时此刻，我不是要听他解释我为什么会感到热。我也知道，我喝的汤太热，吃的菜太辣，穿的衣服太多，可能会让我感到热。但我现在这句话背后的意思是请他把空调温度调低。

我发现，服务员总是喜欢先解释。因为他们害怕被骂，害怕被批评，害怕犯错，害怕被责难，所以他们总是先把自己的错往外推，是因为别的原因，而不是因为我的原因。但是顾客要的是解决方案，而不是解释方案。

第九条：太急着卖东西了

调查显示，第九个让顾客非常不满意的原因就是急着卖东西给顾客。商人这种太急着卖东西的表现，会让顾客有一种服务不良好的感觉。

我举个例子。有一次，我到一家美容院去做皮肤护理，一进去就先问她们做一个皮肤护理要多少时间，因为我那时正要赶时间。服务员就告诉我，做一下基本护肤大概要半个小时。

“你要保证半小时内给我做好，我是真的有事。”

服务员信心十足地回答我：“没问题。”

既然她这样肯定，我就躺下去让她给我做一下脸部皮肤护理。躺下来之后，她一边给我清洁面部，一边跟我聊天，没一会儿就给我推荐产品：“杜先生，你应该做一个面膜，我们这个面膜不贵，只要加500元就可以了。”

“做这个面膜要多长时间？”我问了她一句。

“只要20分钟就可以好了。”

想到还要花这么长的时间，我就对那个服务员说：“我只做基本护肤，不做这个面膜了。”

我才说完，她又说：“先生，其实做面膜对你比较好，效果更明显，现在天气干燥，你皮肤需要做个面膜保湿一下。”

当时，我不是不想做这个面膜，也不是嫌500元贵，而是嫌这20分钟会耽误事情，所以才说不想做。可能下次过来，我会做一下这个面膜。可是，这个服务员就是不能理解，就一心想着把这个面膜推销给我。

她说：“先生，我觉得你还是做一下面膜会比较好。”

我不高兴地说：“你不要再讲了，我下次再来做。”

我都说得这么明白了，可是她还断续说：“先生，不然这样，做15分钟，其实效果也是不错的。”

我说：“不是15分钟还是20分钟的问题，而是我真的一点时间都没有。”

她说：“先生，不然10分钟也可以。”

这时，我心想：你当初跟我说做一个面膜20分钟，我说我赶时间，你说15分钟也行，现在还说10分钟也行，可见你不太在乎效果，只是想卖东西给我而已。万一只做10分钟效果不好怎么办呢？

这样的念头在我脑海中闪过后，我坚决地拒绝了她，不管她再怎么推销，我就是不做这个面膜。

这个服务员知道，不管她再怎么说都无法说动我，她就加快给我磨砂、按摩，还用蒸汽蒸一蒸，然后涂一涂，抹一抹，很快整个基本护肤就做完了。我看了一下时间，才花了20分钟，于是我就问她："你不是说要做半个小时吗，怎么现在20分钟就做完了呢？"

她理直气壮地回答："先生，你不是赶时间吗？"

她这句话给我的感觉就是：你不买我的面膜，我才懒得帮你做半小时呢，既然20分钟能做完，就别拖到半小时了。快点完，快点让你走。后面还有人在排队等着呢，你不买，我卖给其他人……

我看了一下，后面的确有不少人在等，我也能理解作为一个生意人，为了留住更多的顾客，而不想在一个顾客身上耗太多时间，以免下一位客人走掉。可是不管怎么样，你不能给顾客制造一种你不想买，就快点走的感觉。

你有没有感觉，你去接受服务的时候，如果商家着急卖东西给你，你也会非常不乐意，对不对？

如果你能理解商家的这种行为当然很好，我也能理解，但是我想一般人都是会感觉不太好的。也就是说要换位思考，今天你做生意先以服务为主，不要太急着卖东西，就算卖东西是对的，是应该的，都要讲究一个程序。

第十条：形象不专业

第十个让顾客不满意的原因就是形象不专业。什么叫形象不专业？

记得有一次，我在上海讲课，讲到形象有多重要的问题的时候，我请了下面一位学员站起来，让大家猜猜他是做什么的。

那位学员站起来后，很多人就说，他是做美容或者美发的。果然，一问，他是从事美容美发工作的。

后来，我又指了另外一个学员，让大家猜她是做什么的。很多人回答说，她是卖服装、首饰的，也有人猜她卖小饰品之类的东西。学员们眼光真是好，又猜对了。这位学员果然是在商场开商铺卖服装、首饰。

于是，我就问大家：你们为什么猜得出来呢？

学员们异口同声地答道："看样子就知道！"

由此可见形象的重要性，做什么就要像什么，让顾客一看你就知道你是某方面的专家。看到这里，很多人也许会问，那什么是形象好，什么是专业形象呢？是不是要穿非常正式的西装，才叫做形象好呢？是不是一定要穿职业装，才叫做形象好呢？

我倒不觉得一定要穿西装或者职业套装，才是形象好。这里，我要强调的不是个人形象好不好的问题，而是讲专业形象。也就是做什么要像什么，每一个行业要有那个行业应有的形象，这才会取得客户的好感和信赖。下面我就举例讲讲什么是专业的形象。

比方讲，你去银行办理业务的时候，里面的银行家是穿着白衬衫，蓝色的西服，或者是深黑色的西服，然后打一条红色领带，或者是蓝色领带，脚上还穿着光亮的皮鞋，对不对？他们为什么要打扮成正正规规的样子呢？这就是我要说的专业形象，只有这样顾客才会放心地把钱存到银行里面去。

如果今天你不是去银行，而是去市场买鱼，你觉得卖鱼的会穿什么呢？卖鱼的人会穿个破牛仔裤，套个汗衫，戴个斗笠，还穿着雨靴，给人脏兮兮的感觉，然后还不停地喊："卖鱼哟，卖鱼哟……"可就是因为这样，很多人跟他买鱼。

这就是我要讲的做什么像什么。卖鱼就是卖鱼的样子，一个银行家就是银行家的样子。假如今天你到银行去存钱，突然看到一个穿着破牛仔裤、套个汗衫，戴着斗笠、穿着雨鞋的银行家向你走过来，说：“你好，先生，我要帮你存钱。”

请问，你敢不敢把钱交给这样的银行家办理呢？当然不敢，你会觉得这个人是骗子。

假如今天你到市场去买鱼，看到鱼摊旁边站着一个穿西装、打领带，头发梳得非常光鲜亮丽，穿着光亮的皮鞋的人，在那边卖鱼，你会怎么想？你可能会想这个人的鱼大概是不新鲜的吧？

所以说，做什么要像什么。我不是说你一定要穿什么才是好形象，而你要依照你这个行业的特性来选择适合你的外形的服装。

有一次，我在上海讲有关如何服务顾客课程的时候，我请其中一位女士上台，让大家猜她像是做什么的。

我一讲完，台下的人就开始猜了，答案真是千奇百怪。有人猜她是餐厅的洗碗工，有人猜她是街边扫厕所的，有人猜他是做保姆的，有人猜他是工厂里面扫地的……听完大家的猜测，她非常不好意思，脸一下子就红了。后来，她告诉大家，她是在婚纱影楼帮别人化妆的化妆师。真是不说不知道，一说把大家吓了一跳。因为在我们的印象中，婚纱影楼的化妆师应该是这样的：第一，她的服装应该是比较时尚或者高贵一点的职业装；第二，她的发型应该是比较亮丽一点的，要不然就是比较端庄一点的。而重要的一点，作为一个化妆师，加上她是一位女士，那么她的脸上至少要化一点淡妆，就算不是非常鲜艳的彩妆，化一点淡妆还是很有必要的。听了大家的分析后，她非常难为情地说：“我知道错了，我知道错了。”

作为一名化妆师竟然一点专业形象都没有，我就推断她的生意不会好到哪里去，后来，我就真的问她：“你们婚纱影楼生意怎么样？”她有点沮丧地说：“不太好！”我说你现在知道你生意为什么不好了吗，一个化妆师被别人当成是保姆或扫地的阿姨，这样怎么可能吸引别人去你们店里化妆呢？

当时，这名学员真的感到很不好意思，所以就决定回去要改变形象。

我讲这么多的例子，是想让大家注意：有时候，顾客判断你服务的好坏，并不一定是从你对他本身的服务程序来认定的；有时候，连你的表情、眼神、态度和外形，都会影响到顾客对你服务好坏的印象。这也是调查客户之后，顾客反映的，并不是我杜撰的。

第十一条：太计较

经过调查，排名第十一位的是太计较。什么叫太计较呢？

记得有一次，我买了几万块钱的东西，在结账的时候，我对他们说："我跟你买了这么多东西，你给我把零头减掉好不好？"

"先生，对不起！我没有这个权力。"

"零头减掉都不行吗？才几十块钱。"我有点纳闷。

“对不起，我没有这个权力。”

“那省掉几块钱行了吧？”

“对不起，没有这个权力。”

我说：“我身为顾客，你让我开心一下，省几块钱都不行吗？”

他说：“对不起，我们没有这个权力。”

“省几毛钱呢？”

“对不起，实在不行。”

跟他们说了半天，他们还是不同意，最后我拿出钱让他找，他真的点得非常详细，从几十块点到几块钱、几毛钱。

当时虽然我是心甘情愿付出这个价格买东西的，但如果他只要稍微用一点点零头小利来让我感觉到身为顾客占到一点点小便宜的快乐，那我就会感觉很好。没想到，几毛钱、几块钱他都不舍得让给我。这样的商家，给人的感觉就是他们太计较了。所以一旦顾客提出这样的要求，你没有满足他，他就会认为你们服务不好。如果你说你们公司非常正规，实在是不可以在价格上有所让步，你是不是可以在赠品上有所让步。顾客来消费时，要多给他一些让步，而不是跟客户斤斤计较。这样顾客才会对你的服务满意。

第十二条：送货服务太差

最后一个让顾客不满意的原因就是送货服务太差。

很多人在卖东西的时候，态度非常好，彬彬有礼，甚至对客户百般迁就，百依百顺，万千宠爱集于一身。他为什么对你如此好呢？这是因为你还没有跟他买东西，他要想办法讨好你。可是，你有没有一种感觉，在你买完东西回去之后，你很担心，你已经不再是生意人眼中集万千宠爱于一身的、百依百顺的对象？如果你有这种感觉和这种害怕的话，这种现象还真有可能被你遇到，那时你心理落差就会很大。顾客买完东西后，心里就会有这种担心。可是很多人在给顾客送货的时候，服务态度很差，这让顾客感觉当初买东西的时候，你们服务态度那么好，而现在送货态度却这么恶劣。

当然，你认为送货一般不是售货员或者服务人员的事，而是后勤或者货车司机的事，所以就不重视对他们服务态度的培训。如果你让公司的送货人员也接受服务训练，就不会有那么多顾客抱怨你们的送货服务不好了，更加不会就这样默默离开你。

顾客不满意的12大原因大概就是这样。现在，请你想象一下，你是否有犯过这样的错？现在我就把这12大原因小结一下，并提供一些简单的应对措施。

如果你在这12条当中，犯过第一条：冷漠的态度，那现在就赶紧改进，给你公司全体人员做态度训练。

第二条：反应太慢，立刻把你的服务人员换掉或者是训练他们灵活的反应，让他们去沙盘推演、模拟或者让他们去演习客户的各种不同的情况。

第三条：买不到产品。试想一下，你公司的所有客户会需要哪些产品，立刻把产品补足。

第四条：购买过程麻烦。检查一下你公司是否可以简化购物流程，是否可以在销售政策上有所改良。如果你愿意改善一点点服务流程，给顾客提供更多方便的话，你应该会吸引更多的顾客上门选择购买你的产品，而不是让顾客投向你的竞争对手。

第五条：太凶了。如果你觉得你脾气不好，你不应该做一线的服务；如果你觉得服务人员脾气不好，你不应该让他做一线服务；如果你是在大嗓门环境中成长起来的，你就要想办法改掉你的凶。你应该学习一下日本人的服务态度，或者到港台或南方地区学习一下那些商家的态度。另外，在顾客打电话的时候，你要检查你接电话时的用语是否温柔，讲话的时候是否轻声细语。如果你讲话不够轻声、温柔，那你就要通过反复练习规范你的声调和语言了。

第六条：收款态度太差。如果是因为这样而让顾客不满意的话，你就要考虑去改进一下你这个部门了。

第七条：承诺，但不兑现。如果是因为这点让顾客抱怨的话，你就要想，是不是在一线销售的时候只承诺一点，事后你才能让顾客有超越期望的感觉。

第八条：借口太多。如果你公司的人常常犯这样的错，就立刻给你公司的人做一个思想改造，此外还要规范你公司遇到客户投诉抱怨的时候的种种回答方法，做到在第一时间帮顾客找解决方法，而不是喋喋不休地解释。

第九条：太急着卖东西了。如果你为了快速提高销售业绩而急切地向顾客推销东西，从而造成顾客反感的话，你就要马上开始改进，用服务代替销售。

第十条：形象不专业。看看你们的工作人员，是否是做什么像什么。如果没有，马上改良。

第十一条：太计较。如果你感觉你们没有任何的弹性，在客户再讲价的时候，索要赠品的时候，委婉地跟你商量很多要求的时候，你是否能够让服务人员保持弹性，不要跟客户太计较。

第十二条：送货服务太差。如果你们的送货服务差，顾客就有心理的落差，那你就应该在服务的时候改进这一点。这就像婚后你的爱人、你的配偶一样，你婚前对我那么好，百依百顺，你婚后却对我冷淡了，是一样的道理。

顾客的心理我们要如何照顾，请在这12条里面把你们公司犯过的错上打钩。看完这12条，你可能会说：“杜老师，我犯蛮多错的，这12条我几乎都有犯过，但为什么我生意还做成了呢？

如果真是这样的话，我想告诉你，那是因为市场的景气和经济的增长，让你的生意表面上看起来是越来越好。但你不要忘了96%的顾客是不说出原因的，而其中91%的顾客是绝对不会再上门的。如果你感觉你的生意是越来越好了，你也不要忽略犯过的这些错误。我要讲的是你的隐患，也就是你的竞争对手在服务方面稍微做得比你好一点，那他们的增长率比你高出11倍，甚至更多，他们的市场占有率也比你高出很多。这样的话，他们在市场不景气的时候，行业衰退的时候，依然能够度过严冬。

所以，你要把以上这12条当作你公司内训的内容，把它带回到你企业里面，逐一检查，逐一管制，逐一改善，让你全公司的服务好起来。最后，我提供一个“服务满意度调查表”协助你调查顾客的满意度（如图6），希望该表能帮你了解到更多顾客满意度的信息。你可以将此表复印出来，以便供顾客填写。

服务满意度调查表

为了给您提供更佳的服务，请协助完成这份调查。

请在相应选项前打“√”，谢谢您的合作！

单位名称			
姓名		电话	
邮箱		日期	
调查内容	评 价		
	满意	基本满意	不满意
培训服务			
咨询服务			
上门服务			
综合以上服务			
说明： 1. 培训服务：培训工作人员仪容仪表、文明礼貌，工作态度；培训讲师语言表达能力；授课条理清晰程度；培训的总体效果。 2. 咨询服务：咨询电话接通率；咨询人员服务规范、服务态度、问题解答能力与业务熟练程度。 3. 上门服务：上门人员仪容仪表、服务态度、解决问题能力与按时上门服务。			
您对我们的服务有什么意见和建议：			

图 6

本章小结

1. 找到了顾客不满意的原因，就找到了解决问题的方法。

2. 只有设身处地以顾客为中心，做好每一个细节，顾客才会去支持你的生意。

3. 服务是永远可以竞争下去的东西。

4. 如果顾客关注的问题被重视了，他就有可能被激励成为忠诚的顾客。

本章问答

设想一下，当你作为一名顾客时，有哪些经历使你感到不满意的。比如，去你银行办事、商场购物、用餐，等等。尽可能写出哪些是让你不满的原因（不少于10个）。

第四章

如何超越顾客的期望值

优质的服务公司，不管具体从事的是什么行业，总会用双倍的努力为顾客提供出乎意料的服务，让顾客不断发出“哇”的赞叹声。

本章要点

如何超越顾客的期望值

让顾客快乐的五件事

如何超越顾客的期望值

本章重点要讲的是要怎么服务才能让顾客满意、快乐、开心，怎么做才能超越顾客的期望，让他惊喜。

现在我要跟大家分享一条世界上最重要的成功秘诀。不论你是作为生意人，还是作为一名员工；不论你是作为丈夫，还是作为一名妻子；不论你是作为一名老师，还是作为学生；不论你是为人父母，还是为人儿女……任何人想要取得成功，都必须知道这个世界上成功最重要的秘诀是什么。到底是什么呢？答案是快乐与痛苦。为什么要讲快乐与痛苦呢？

因为每个人生来都有一种本能，愿意去追求快乐和逃离痛苦，他做任何一件事的目的都是为了能得到快乐或者是能避开痛苦的感觉。举例来讲：

天气很冷，你不想起床，是因为你觉得躲在被窝里会比较快乐。可是，这个时候，你爸爸走到床前对你说："你再不起床，我就打你一顿。"你为了逃离挨打的痛苦，于是马上起床了。或者你爸爸这样对你说："快点起床，今天给你10块钱买糖吃。"你为了追求这10块钱给你带来的快乐，你起床了。

可见，人都是要追求快乐和逃离痛苦的。弄懂了这个道理，你就明白了做生意的真谛，顾客跟你做生意也是为了追求快乐和远离痛苦的。如果你在做生意的过程中，能让顾客感到快乐，他就会跟你做生意；如果你让他感到跟你做生意是一种痛苦，他就会为了避开痛苦而离开你。真理至简，或许你会说这么简单的道理谁不懂。可是，为什么市场上还有那么多服务不好的生意人、企业、服务人员呢？下面，我们就对此作深入的分析和探讨。

因为成功为失败之母，越成功就越容易导致失败。从成功到失败有三部曲。在创业的时候，大家从早到晚都很努力地、如履薄冰地服务每一个客户，招呼每一个客户，吸引每一个客户，留意每一个客户，最终，这让你的生意起步了。我相信每一个生意人刚开始创业的时候，都是这样的心态。但是随着生意的扩大，你开始赚到钱了，你忘记了要给顾客一个快乐的结果。可能是因为你太忙，也可能是因为你赚到了钱，你不太重视“要亲自服务每一个顾客，让每一个顾客快乐”这样的一个结果了。因为你不太重视这个结果，而导致你对个别顾客的投诉、抱怨都不在意。你可能会这样想：我现在生意很好，不差这一两个顾客，不差这一两百元。像这样的情况，我称它为成功导致自满。接着在自满之后，你忽略了倾听客户的声音，客户就慢慢离去。随着顾客的离开，不好的口碑也慢慢传出来。虽然一两个顾客不会让你的生意在短时间内遭受倒闭的威胁。但是，时间一久，你就会发现越来越多的顾客跑去跟竞争对手买东西。可是，你还不知道其中的原因。等问题严重时，你就跟第一线客户接触，希望能了解到原

因，结果你只找一些表面原因。至于其中的根本、核心的原因，你一点也不知道，最后，你只能眼睁睁地看着你的生意清淡了。***当顾客离去之后，你的生意就因为顾客的离去而下滑。***

这就叫做成败的三部曲。成功为失败之母，成功从来就不是好的老师。为什么呢？因为它教不会你任何东西，它只会让你迷茫、迷失，甚至让你自满，结果就导致了失败。所以大家要记住，永远保持着你刚创业的时候那一种战战兢兢的精神。

服务每一个客户。不管你的生意做得多大，这都是一个生意人应该永远保持的心态。讲理论不如讲故事，接下来，我就讲一个小小的寓言故事。

在某农村，有一个养猪户，他花了一笔积蓄买了三头小母猪。他为什么要买三头小母猪呢？因为小母猪养大了，能生小猪仔，然后再把小猪仔卖掉，这样他就有钱了。可是，没有公猪，母猪当然生不了小猪仔。这个养猪户也知道这个道理，但他就是没有多余的钱买公猪了，这可怎么办呢？正当养猪户焦急万分之时，有人告诉他隔壁村庄有一只种猪特别有名气，所有的母猪只要和这只种猪稍微配种一下，就能怀上蛮多的小猪仔。既然这只种猪远近驰名，主人就打算把三只母猪带去和这只种猪交配。

于是，主人开了一台卡车，把三头母猪运到了隔壁村庄。到了隔壁村庄后，他问这只种猪的主人，你是不是有一头公猪专门配种？

对方回答：“没错。我有一头远近驰名的种猪，与其配种的猪的受孕率极高。任何母猪与它交配，受孕率都达到了99%。如果无效，你可以要求退款。”

既然这么有保证，母猪的主人同意了这笔交易，但他提出另一个条件：万一无效，我不要退款。我希望能免费再让我的母猪和你的种猪交配，直到受孕为止。

种猪的主人很爽快地说：“没问题！如果没受孕的话，免费再带你的母猪回来受孕，直到交配成功为止。”

只为结果而收费。这让母猪的主人很满意，他马上把他的三头母猪送进去和种猪交配。可是，在他准备带母猪回家时，他又有想法了。他对种猪的主人说：“我对你这种不为次数收费，只为结果收费的服务态度很满意，可是，我怎么才能知道我的母猪受孕了没有呢？”

种猪的主人说：“很简单。根据经验法则：你回去要观察三头母猪明天早晨起来的反应，如果是在草地上打滚，就表示没有受孕；如果是在泥地上打滚，并滚得一身全是泥，就表示受孕成功。所以，你要仔细观察，如果发现它们是在草地上打滚，你就把它们再带回来，让我的种猪免费再交配，直到受孕成功为止。”

母猪的主人听了这番话后，放心地开着卡车把三头母猪拉回家了。第二天，他一清早就起来观察三头母猪的反应。结果一看，三头母猪都在草地上打滚。主人心想：还说99%受孕率，第一次送去，就没有受孕。幸好，种猪的主人有满意保证——没有受孕，免费再交配。最后，母猪的主人又用卡车把它们运到了隔壁村庄，并把情况如实地告诉了种猪的主人。种猪的主人马上又让他的公猪和母猪配种。回去后，那三头母猪第二天又在草地上打滚，主人只好又把它们送去种猪那儿。可是，第三天、第四天，同样的情况又发生了。后来，遇到这个主人要出远门，所以他就交代他的妻子注意观察母猪的反应，如果是在草地上打滚，就要再送去隔壁村庄配种。当这个主人打电话回来问他的母猪的受孕情况时，结果让他吃惊，他的妻子告诉他：那三头母猪既不在草地上打滚，也不在泥地上打滚。它们每天到九点半左右（之前，主人总是在这个时候送母猪去种猪那儿），就准时跳上卡车，还有一只母猪，钻到驾驶座位上学你开车的样子，可像你了。被他妻子这样一描述，这个主人被吓了一跳，不停地问这到底是怎么回事。他妻子也回答不出来。

你知道是怎么回事了吗？原来母猪已经养成习惯了，每天只要它们在草地上打滚，主人就开着卡车把它们送到种猪那儿，到了那儿，它们享受到种猪带来的快乐。正因为它们尝到了这种快乐的甜头，所以它们才会天天在草地上打滚。

所以，从这个寓言故事中，我们可以得出一个结论：任何行为都会有一个结果。无论是人还是动物，之后的这个行为都决定于之前行为的结果。是快乐的还是痛苦的，也是由之前的行为决定的。如果之前的行为得到的结果是痛苦的，那么他会终止这个行为；如果之前的行为得到的结果是快乐的，那么他之后还会重复之前那个行为。

所以，你要记住这个公式：行为产生结果，之后的行为决定于之前的行为的结果。被奖励的行为会持续，任何一个行为只要得到快乐了，我们统称为奖励。在管理学上也一样，任何一个行为得到了一个奖励，他下次就会再想出现这个行为；又得到了一个奖励，他下次就会长期不断地想出现同样的行为。无论是在管理员工方面，还是顾客服务方面，都可以运用这个原理。

你希不希望你的客户进你的公司或店里之后，就跟你买东西呢？每个人都会说当然希望。既然大家都这么希望，那么在顾客买东西这个行为产生之后，你有没有给他快乐，你有没有奖励他？如果没有，顾客怎么知道跟你买东西是一种快乐呢？那他下次怎么会再想跟你买东西呢？如果他买了东西你给他快乐，他下次还想得到这种快乐，还是会想跟你买东西的。

再说，你希不希望你的客户帮你介绍新客户？每个人都会说希望。那么请问，老顾客帮你介绍新客户的时候，你有没有给他奖励？如果没有，他怎么知道帮你介绍新顾客是一个好行为？所以，他下次就不再帮你了。

你希不希望你的客户当回头客，重复消费，再度上门呢？如果希望的话，你有没有在他再度上门的时候，给他奖励？如果没有，他就不知道你喜欢他再度上门，也就不会再次光临了。当顾客再度上门的时候，你给他一种快乐，让他愿意多次上门。

你希不希望路过你店里的客人，进来看一看，摸一摸，问一问呢？如果希望的话，你在他进来之后，有没有给他一个奖励？如果你对这些只是进来看看的顾客很冷漠，那他进来一次后，还会不会想再来呢？虽然他没买你的东西，但是他进门就给了你一个服务的机会。所以，这时，你应该站起，笑着欢迎他进门，请他随便看看，问他需不需要介绍，问他要不要喝水，等等，这些都是对他进门的奖励。我称这个行为或反应为奖励。因为这个行为会让客户快乐，表示你欢迎他，喜欢他上门。所以他会有受尊敬的感觉。这种种感觉就统称为快乐。

你有没有做到这个行为？如果你做到了，顾客就愿意再上门。顾客买东西的时候，你有没有给他一个小礼品作为奖励？顾客帮你介绍新客户的时候，你有没有给他回馈？顾客再度上门消费的时候，你有没有给他优惠、奖励？被奖励的行为会持续，任何行为遇到快乐，下次他还要有这个行为； 任何行为遇到痛苦，他下次就要停止。记住，客户跟母猪的故事是一样的道理。公猪为什么这么吸引母猪，为什么母猪天天都在草地上打滚呢？因为在草地上打滚这个行为，可以得到一个结果——快乐。所以，我刚刚跟你讲的这个寓言故事代表着什么呢？代表着所有人类共通的心理反应。掌握了这个原理之后，你就知道如何做好顾客服务了。***顾客要的就是快乐，服务就是让顾客快乐。***

让顾客快乐的五件事

既然让顾客感到快乐，他就投向你的怀抱跟你做生意，那么应该怎么做才能让顾客感到快乐呢？让顾客快乐一共要做到五件事情。

第一件事：了解顾客的抱怨

什么叫了解顾客的抱怨呢？只要是顾客，他就会有抱怨，他就会挑你的毛病，这是顾客的通病。无论你服务有多好，顾客还是会找出你的问题、缺点、毛病。那么，是不是因为这样，你就对顾客的抱怨置之不理呢？对于顾客没完没了的抱怨，你应该这样想：服务好顾客就是我的工作，即使我服务得再好，顾客都会有抱怨，这等于是给我进步的空间，等于是让我不断靠近完美，等于是不断鞭策我们继续吸引顾客，留住顾客的一条鞭子。我感谢顾客的抱怨，欢迎顾客的抱怨，愿意倾听顾客的抱怨。当你这样主动去了解、倾听顾客抱怨的时候，顾客就会开心了，因为你在倾听，就表明你重视和在乎顾客。倾听顾客的抱怨，除了要竖起你的耳朵外，还要设置其他的途径接受顾客的抱怨之声，比如，投诉信箱、投诉电话、反馈意见、顾客满意度调查表等。

对于顾客的这些抱怨，你要认真对待，而不要畏惧。不要顾客一抱怨，你就感到麻烦、讨厌，心想：顾客又来抱怨了，我赶快躲起来，我要找个理由搪塞他，或者找个人打发他。如果你真是这样想的话，那就会失去顾客的心。你要时刻记住顾客的抱怨能带给你两大好处：

第一，他给了你一个重新让他满意的机会。

第二，他给了你一个改善的机会。你要愿意去听他的抱怨，他就是你最好的老师。

第二件事：解除顾客的抱怨

什么叫解除顾客的抱怨？就是我前面说过的，顾客的抱怨当场解除。如果你当场解决了顾客的抱怨，95%不满意的人就会再度光临。如果你拖延解决的话，顾客就会感到不快乐而默默离开。一旦你了解了顾客的抱怨，你就要马上给他一个满意的回答或者想办法让他回心转意。否则，你所做的第一件事——了解顾客的抱怨，就会显得毫无意义。

第三件事：了解顾客的需求

什么叫了解顾客的需求呢?

举例说明。我有一位学员是开餐厅的，生意相当不错。但是为了让顾客满意，为了让顾客在他的餐厅用餐快乐，他做了一份问卷调查，希望通过调查了解顾客的需求。这份问卷都是一些开放性的问题，比如：我们店里菜色怎么样？服务怎么样？你感觉甜品怎么样？环境怎么样？你还有没有什么需要是我们没做到的？……他每天就这样发问卷给那些来吃饭的顾客，最后把问卷都收回统计。结果显示，大部分顾客对该餐厅的菜色、服务等都很满意，但令他意外的是，竟然有一部分消费额最高的顾客说，餐厅附近的停车位太难找了，如果能有代客停车服务就会更好。

于是，这位老板就紧紧地抓住了顾客的这个特殊需求，并立刻研究出了解决方案。他在餐厅门口设置一个代客停车位置，等顾客开车过来吃饭时，他就请人专门在那儿帮顾客把车停到附近的停车场去，然后等顾客吃完饭准备买单时，就会把车开过来给顾客，而且停车费由该餐厅负担。就这么一个小小的动作，只是增加了一个代客停车位置，就让餐厅的业绩翻了一番。因为有了这个小小的方便后，那些高消费者更愿意来这里吃饭。

从这个案例中，你能发现这位老板赚钱的秘诀吗？那就是我接下来要讲的，倍增客户的黄金之问——顾客还有哪些需求是没被满足的?

在经营过程中，你应该常常这样问自己：顾客还有哪些需求是没有被满足的？想一想，如果能把顾客未被满足的需求挖掘出来，这就等于你挖到一个利润增长点一样，只要你愿意去提供这样的服务去立刻满足顾客的需求，你的业绩就开始增长。这不就是跟挖黄金一样吗？所以，我把这个“顾客还有哪些需求是没被满足的”称之为倍增客户的黄金之问。现在顾客没被满足的需求让你挖到了，那你接下来要怎么做呢？没错，就是满足顾客的需求。这也是我讲的让顾客快乐的第四件事情。

第四件事：满足顾客的需求

什么叫满足顾客的需求呢？下面，我就举一些案例来说明这个观点。

在台湾有一家五星级的饭店叫亚都饭店，它的设备陈旧，但生意非常好。为什么生意会这么好呢？让我们先看看这家在台湾有口皆碑的老饭店是怎么经营他们的生意的。

你一走进这家饭店的咖啡厅，在你坐下不到一分钟，就有服务员给你送来冰水或者热饮，如果你一口气就喝了一半，不到30秒就有人给你倒满了。在夏天，因为咖啡厅空调冷气开得很大，而有的女士穿得比较凉快，所以她们一坐下来，就感到冷。这时，没等顾客提要求，就有人发现了顾客的需求，并会走过来问："这位女士，要不要披肩？"如果有男士伸手进口袋取烟，就有人在10秒钟内靠近你身边，准备好了打火机，等你把烟一掏出来，他就会帮你点火。像这样的例子，还有好多，我就不一一列举了。总之，在这里只要你有需求，他们几乎都满足，并且在你还没开口提出时，就有人到你面前来提供相应的服务了。

如果你发现有这样的五星级饭店的咖啡厅，你会不会想去试试看呢？你会不会去，我不敢肯定。但我可以肯定地告诉你，当时在台湾很多人听到口碑这么好的咖啡厅，都想去亚都饭店尝试一下，所以造成饭店的咖啡厅天天客满。

而在住房方面，亚都饭店也是尽一切可能满足顾客的需求。比如，顾客想换床，他们就立刻帮你换。如果你有特别的要求，比如你想要特别的方位或者特别的盥洗用品等，他们一律都满足你。只要顾客有要求，他们就会全力满足。如果你是特殊的宗教人士，他们就会在你入住前询问你的需求。比如，你希望朝什么方位跪拜，几点朝拜，要读《圣经》还是佛经。了解你的特殊需求后，他们就安排一个能满足个人宗教信仰的房间。这就是满足顾客需求。

让顾客快乐的五件事，我们已学会了四件。是不是将四件事做好了，顾客就会很快乐呢？不一定。随着市场竞争的白热化，很多商家都在绞尽脑汁讨顾客的欢心，加之顾客的消费意识也在不断地提高，所以顾客就越来越挑剔，需求也就越来越多了。顾客会理所当然地认为你应该给他提供满意的服务，所以仅仅做到这四件事，还是不足以让顾客快乐的。要让顾客真正快乐，就要做到第五件事，而前面的这四件事都是为顾客的快乐做铺垫的。

第五件事：超越顾客的期望

超越顾客的期望，就是让顾客对你的服务发出“哇”的声音，在脑海里不断给你盖上惊叹号，从心里由衷地赞美你的服务。顾客想不到的、没有要求的，你都做到了，甚至是顾客认为你没必要做的事，你也做到了，那么你就做到了超越顾客的期望。简而言之，就是顾客想到八分，你就要做到十分，顾客想到十分，你就要做到十二分，永远要做得比顾客想得还要多，才会让顾客快乐。下面，我们仍以亚都饭店为例，看看它是如何做到超越顾客的期望，进而让顾客感到快乐的。

我曾订过亚都饭店的房。那时，一到机场，亚都饭店就有人在那儿等候我，我一下飞机，亚都饭店的一个接机员就问我：“你好，杜先生。是来亚都饭店的吧？我是来接你的。”事实上，所有的饭店都会在机场设柜台接待来住宿的客人，不同的是其他的饭店，你都要自己走到柜台去咨询他们有没有车送你到酒店，而亚都饭店就是你一下飞机，就有人来接你。所以，我一下飞机，就对亚都饭店发出“哇”的惊叹声。

接机员把我送到酒店后，车一停，马上就有人过来给我开门，并亲切地问候："杜先生，您好！欢迎您来到亚都国际酒店。"这时，我又对亚都饭店发出"哇"的惊叹声，心想：他是怎么知道我是杜先生的啊！其实，这也很简单，可能他们在安排接机员去接我的同时，告诉了这位服务员我乘坐的这辆车的车牌号。所以他一看到车牌号，就知道车里面坐的人是谁。也有可能是我们一到酒店的时候，接机员用对讲机说，杜先生到了。只是我没注意到而已，但不管他们是用什么办法记住我的，这个小小的动作和细节就让我很感动。这是用心就能做到的事，但我发现在大陆很少看到，有哪一家五星级酒店真的去做这样的小细节。

当我走进酒店时，马上有人拿毛巾跑过来，说："杜先生，您风尘仆仆来到台北，请用热毛巾。"拿起小小的热毛巾擦了把脸，内心无比感动，所以我又发出"哇"的惊叹声。一条小小的毛巾值不了多少钱，却买到了顾客对酒店强烈的好感。所以，你认为花这点小小的钱买到顾客的快乐，值不值呢？当然是值得的，顾客因为快乐，对你印象深刻，所以他会重复消费，甚至在外面帮你传递好的口碑并替你转介绍。

到了大堂的前台后，他们会在一分钟内帮你把所有的住房手续办理完，不会让你久等一分钟。他们办理手续的速度不仅快，还会让你免了排队之苦，因为亚都饭店办理手续的柜台周围设置得像咖啡厅，你办理手续只要坐着就行。

如果你是商务人士，你办理完手续，走进房间后，你会发现他们为你准备了一盒本地的名片放在书桌上。你一看，又发出了“哇”的惊叹声，心想：他们想得太周到了，知道你在这里谈生意需要用到本地名片。但为了保护个人隐私，名片上只印了你的名字和公司名称，而地址和电话都是用亚都饭店的。

如果你带着小孩，他们就会为你准备好婴儿车、小孩床；如果是情侣来住宿，他们就会在你的房间里摆放鲜花；如果你是工程师，他们就会在房间里放好工程图纸及绘图工具。

后来，我打电话到六楼的餐厅去订餐，电话一接通，服务员就说：“您好，杜先生。请问有什么可以帮到您吗？”当时，我很惊喜，又有人认识我。其实，知道我是谁并不难，他们通过来电显示，就可以查到打电话的人是谁了。这种来电显示系统几乎每一家酒店都有安装，但我很少遇到一接电话就能喊出我名字的。

几天之后，我退了房，准备离开亚都饭店。刚走到大门口，门童就问我：“杜先生，今天要走了啊！下次什么时候来呢？”在离开的时候，我又被吓了一跳，哇！连职位这么低的门童都知道我的名字。对此，我十分好奇，于是就和这位门童聊了起来，我问他，怎么能这么清楚地记得我。这位门童告诉我，只要在他们酒店住过的客人，他都能记住他们的名字。无论是哪个国家，无论是多少年前的，只要顾客再回来，他都能叫出顾客的名字来。对他的这种说法，我有些质疑。正在这时，从车上下来一位外国客人，看上去像是英国的。这位老外一下车，门童就走过去用英文喊了老外的名字。这是五年前住过他们酒店的客人，真没想到这位门童现在还记得他的名字。当时，不仅我被吓了一跳，这位老外也被吓了一跳。这位老外对此也是感到又惊又喜的，于是从口袋里掏出不菲的小费给这位门童。

等这位老外走了之后，我问这位门童，为何他的记忆力如此超强。在后来的谈话中，我发现并不是他的记忆力有多好，而是亚都饭店有一套训练系统。他们到底是怎么训练这些门童的记忆的呢？原来，在这里站的门童，每个人大概站岗20分钟，就休息20分钟。休息的时候，他们就会在休息室电脑上浏览顾客的资料，包括顾客的相片、姓名等。在这20分钟里，他们会强化记住顾客的相貌特征和名字，轮到他们站岗的时候，他们能熟悉地叫出顾客的名字，并让顾客由衷地发出“哇”的赞叹声。可见，服务之所以会好，就在于有一套完善的训练系统和工作流程。

…………

举了这么多关于亚都饭店服务的细节，我是想告诉你好的服务不是花钱，而是花心思。让顾客快乐的、惊喜的，就是在他消费的整个过程中，你注意每个细节、小动作，让顾客时刻感到你的真心和用心。我在亚都饭店住宿的那些天里，我每天都不知对他们“哇”了多少次，甚至在我离开的时候，我还是依依不舍的。在那里，他们时刻让你感觉到你就是贵宾，甚至像国王一样地招待你；在那里，你就是主人一样，酒店上上下下的人都认识你，让你备感亲切。现在，你看了这家五星级饭店的服务后，马上要改善的就是你员工服务顾客的每一个小细节。从细节处着眼，让顾客在每个细节处都对你们发出“哇”的赞叹声。记住：服务就是让顾客快乐，就是让他发出“哇”的声音。只要做到这一点，就不怕没有顾客上门消费了。

本章小结

1. 让顾客满意，他会觉得这是理所当然的，但是如果你做到超越顾客的期望，他就会被你深深吸引住。

2. 如果顾客能从你那儿得到快乐，他就会重复消费。所以，你工作的首要任务就是想办法让顾客快乐。

本章问答

1. 在顾客消费的过程中，你曾做过哪些让顾客痛苦的事?

2. 让顾客快乐的五件事，你做到了哪些?

第五章

顾客服务的十大信念

要训练任何员工，必须先让他们从思想上相信顾客服务的十大信念。只有让他们从思想上相信了这十大信念，他们的服务水平和服务意识才会好起来。

本章要点

第一大信念：顾客就是你的收入

第二大信念：态度决定一切

第三大信念：工作的目的就是使顾客满意

第四大信念：顾客的忠诚度值10次以上的购买价值

第五大信念：开发顾客的成本比卖东西给老顾客贵6倍以上

第六大信念：口碑比媒体有效50倍以上

第七大信念：顾客要的感觉是亲切

第八大信念：生意开始和结束于顾客走了之后

第九大信念：公司的政策是成败的关键

第十大信念：服务顾客很重要，提醒顾客更重要

第一大信念：顾客就是你的收入

要训练任何员工，必须先让他们从思想上相信顾客服务的十大信念。只有让他们从思想上相信了这十大信念，他们的服务水平和服务意识才会好起来。

第一个信念，就是要让你的员工相信顾客就是他的收入，这样他才会十分重视服务。

1996年，我来到东北一个城市开始演讲，并在那儿租了一套房子。为了布置一下房子，我到了附近的一个家具城去买沙发。

到了家具城，我看中了一套绿色的沙发，这套沙发共有六个，每一个600元。我看了一下，就上二楼去看，想比较一下哪家更好。在那里，我看到一套与楼下差不多的沙发，也是绿色的，由六个组成，但是一个要700元，不过总体的感觉比楼下那套要漂亮得多。我很喜欢二楼的这套沙发，但是觉得它贵了一点，于是我就跟服务员讲价，看她能否便宜点卖给我。不管我怎么说服，她就是不肯便宜点卖给我。我见她态度那么强硬，心想：可能她真的是无法降价。最终，我也放弃了与她讲价，转而想试坐一下沙发，如果坐着舒服，贵一点也无所谓。

可是服务员却对我说："先生，你要先付款才能试坐。"

我说："你开玩笑吧？我要先试坐一下才知道要不要买。"

她说："先生，我们现在只剩下这一套了，如果每个人都试坐，我们还要不要卖呢？"

这听起来好像蛮有道理的，但是我当时听着实在很难接受，还没试坐，就要先让我花钱买这个行为。到底应该先付钱再试坐，还是先试坐再付钱呢？我相信这个答案大家都应该很清楚。应该是先让我试坐，再卖给我，对吧？纵然她只剩下一套了，也不可以用这种方法来卖东西。看她那个态度和样子，我实在是觉得，我再喜欢那个绿色沙发也不能跟她买。我就这样走了，可是那个服务员她也不留我，好像还希望我快点走一样。

既然这样，我只好硬着头皮去一楼，准备去买那一套一个只要600元的沙发，不是因为它比较便宜，而是楼上把我气得不想跟她买了。尽管心里很受气，但是我在楼下看了半天，心里还是想买楼上那套沙发。我仔细一想，买一套沙发也挺重要的，买就买自己喜欢的，不然天天看着都影响心情。所以我就在心里说服自己，我是来买沙发的，不是来和服务员怄气的，于是我就回头上了二楼。

回到了二楼，服务员就笑着说："回来了啊。"那时，她给我的感觉就是好像我回来跟她买沙发，就是我输了，而她就像一个胜利者那样在那边耀武扬威。我看了，心里特别不是滋味，我实在是忍不住，就生气地走过去对她说："你知不知道我是谁？"

她诧异地看了看我，说："你是谁？"

当时，我想教育她一下，既然要跟她买东西，就要出一口气，我说："你们门口，不是贴了'顾客就是上帝'吗？"

她说："是啊！那又怎么样？"

我说："我是顾客，我就是你的上帝。你这样对待顾客会下地狱哟。"

她说："你走火入魔了。"

我实在教育不了她，真的是"秀才遇到兵，有理说不清"啊。我想，既然跟她沟通不了，那我就让她把她的老板或者经理请出来。她告诉我，她的老板和经理都不在。遇到这样的服务员，真是太受气了，我也不想再跟她争论，就再次问她那套沙发能否便宜点，如果能便宜点，我马上买了。可是，她就是不肯，还是那一副"爱买就买，不买拉倒”的态度。如果我不是真的很想买这套沙发，我早就走了，还会在那里受她的气吗？她这是在赶走顾客。我也真的准备走了，正在这时，有人拍了拍我的肩膀，说：“先生，等一下，我是这里的老板。你想买这沙发，是吗？”

我说：“我刚才要找老板，找经理，服务员都说不在，你现在怎么又出来了？”

他说：“你别生气，她不晓得我回来了。”

我把刚才的情况向这名老板抱怨了一下，抱怨完，我转身就要走。这时，老板把我叫住了，并对我说：“你要是真的有诚意要买，我算你便宜点，希望卖给你，其实一个700元真的是不能再便宜了，可是为了给员工发工资，我算你一个650元。”

原来，他是为了套现金，刚刚还不肯算我便宜，而且态度还那么强硬，现在每一个要便宜50元卖给我，那一套有六个，那岂不是一下子减300元给我？我一听，心里当然是很高兴。可是仔细一想，这名老板为什么突然要把沙发便宜卖给我呢？是因为要给员工发工资。一想到要用我的钱来给他的员工发工资，我心里就来气，他的一个女员工才把我给得罪了，所以我二话不说又要往外走。老板还以为我嫌贵，就再拉住我说：“先生，我刚才听说楼下一个才600元，我就一个600元卖给你吧。本来一个650元已经是底线成本了，但是没办法，为了给员工发工资，我亏本卖给你。”

600元一个，已经够便宜了，我也差点就买了，可是又听到是为了给他的员工发工资，我购买的决心又被动摇了。如果我现在要是买的话，我就等于是把钱给他那个得罪我那么严重的员工发工资，那么我买不买呢？当然不买了。我又准备走了，老板再次拉住我，说：“先生，要不550元一个，你看怎么样？”想到刚才被他员工气的情景，我还是不想买，后来老板又说：“500元一个，要是不行，我也没办法了。”

我算一下，一个500元，一共有6个，我一下子就省了1200元。算一算，我觉得这笔交易实在划得来。就在我准备要买的时候，我又看到刚才气我要赶我走的服务员站在一边得意地笑着。我实在气不过，决定在买之前再教育一下她，于是我就走过去对她说：“你知道谁是你老板吗？”

她说：“我的老板，不就在那边吗？”

我说：“你错了，我才是你的老板。”

这名服务员对我说的感到莫名其妙，说：“怎么会是你呢？”

我耐心地给她解释：“我今天买沙发的钱给了你们老板，而你们老板借着他的口袋，把我的钱放在他那儿一天，然后第二天，用我的钱给你们发工资，所以我才是你的老板，明白吗？”

“那又怎么样？”她不以为然地回了我一句。

我看她是要跟我怄气怄到底了，我再跟她说下去，也是没有意义的。我憋着一股气，头也不回地走了。不管这套沙发有多么实惠，我也不想买了，我今天是来买沙发，不是来花钱受气的。

你看，一位准备要买东西的顾客，就这样被服务员给赶走了。老板一再降价想要把东西卖出去，就是为了给员工发工资，可是员工却帮他一次又一次地把顾客得罪。这是因为老板没有让员工相信：顾客就是他的收入。现在你知道谁是你的老板了吗？

有一次，我在我公司的员工会上问我的员工：“你们老板是谁？”他们告诉我：“杜老师，是你啊！”

大家对这个答案不置可否，也以为我会很满意，可是我却狠狠地批评了他们：“我不是你们老板，客户才是你们老板。没有客户，我们没有收入；没有客户，我们没饭吃，你们也不例外。”我借此好好地教育了全体员工，让他们认识到：客户才是我们老板。

“顾客是上帝！”这句话在中国流传了十几二十年，可又有多少人能真正把顾客当成上帝一样对待呢？我刚来大陆演讲的时候，看到很多城市的消费场所都有这样的标语，就以为大陆这里的服务水平和服务意识非常好。每去一个地方消费，看到有这样的标语，我也就充满信心地进去，结果我败兴而归，并没有享受到上帝一般的待遇。后来，我就开始研究这句话，为什么中国喊这句话喊了这么多年，可是服务水平却好不起来呢？经过多年的研究，我终于明白了。“顾客是上帝”这句话是从国外传到中国的，人家美国人教育员工说顾客是上帝，那是因为人家美国人心里面是很尊敬上帝的，所以他们老板说顾客是上帝，借此来让你认同顾客，尊敬顾客，用这个比喻让你以客为尊。但是我们中国人偏偏大部分是不信上帝的，所以把这句话搬回来当口号一喊，大家没感觉，也就不知道要尊敬顾客，以客为尊。他们以为把这个口号喊出来，好像顾客就会很开心一样，所以造成这句话失败。我想，在中国不应该说顾客是上帝，那应该说什么呢？有人曾经跟我说：“杜老师，那我们就说顾客是父母。”我说：“不行。有人打父母，跟父母吵架。中国人也不一定很尊敬父母。”

我想，在中国我们应该说顾客就是毛主席。请问，你会怀疑我说的话吗？如果你怀疑的话，那请你从口袋里掏出一张红色的钞票看一看，上面印的是什么人。

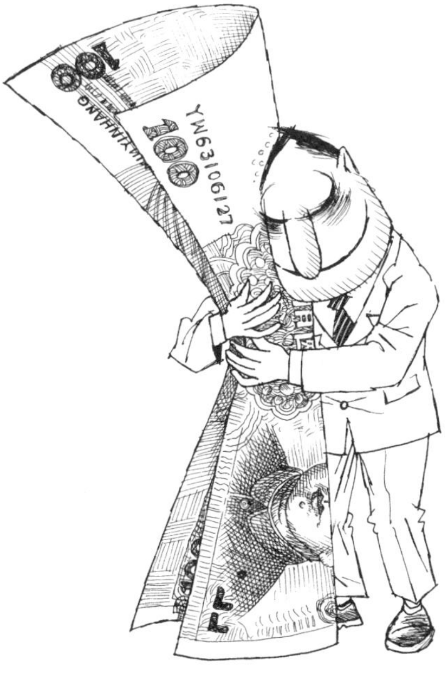

没错，就是毛主席。请问，你爱不爱他？当然爱，对吧？你没有钞票行吗？没有钞票你活得下去吗？

所以，回家后把你和客户的合照放在你们饭桌前面，吃饭前祷告：感谢顾客，赐我衣，赐我食，没有顾客，今晚我们全家没饭吃。或者是把你们全家吃饭的相片拍下来，挂在你的办公桌前面。每当你要拿起电话来打给客户的时候，你只需要看一下你们全家吃饭的相片，然后在心里面默默地想：没有顾客就没有晚餐，没有顾客就没有午餐，没有顾客全家没饭吃。这样的话，你拿起电话来打的时候，你会多么尊敬顾客，因为顾客就是你的收入。如果有人敢说他不是这样想的，那他就是在自欺欺人。

第二大信念：态度决定一切

接下来，我要讲的第二大信念就是态度决定一切。

其实顾客要的很简单，他不是要你把他当爹当娘，他只是要你一个端正的态度，要你一个亲切的态度，要得到一个美好的感觉。而这么简单的要求，你却给不了。其实这并不难做到，完全只在一念之间，那就是态度决定一切。态度决定一切，不是方法和技巧。

顾客服务听起来非常简单，做起来也没有太多的技巧，你的态度和思想意识放对地方就行了。

第三大信念：工作的目的就是使顾客满意

在讲第三个信念之前，我想问一下，你工作的目的是什么呢？很多人也许会说，我工作的目的就是获得收入。如果你现在拿这个问题去问你的员工，我相信他也会这样回答你的。为什么很多企业、生意人不能很好地服务顾客？原因在于他自己或者他没有让他的员工明白：工作的目的就是使顾客满意。你应该把“工作的目的就是使顾客满意”这句话贴在你们公司最显眼的地方，更应该让你的每一名员工把它谨记于心。下面，我讲一个故事给你听，看看别人是怎么做到这一点的。

有一次，我应一家企业的邀请去演讲，但发现没有合适的西装，所以在去演讲的前一天，我走进了一家服装店。有个店员微笑着问我：“先生，你要什么样的西装？”

我说：“我想要一套黑色的西装。”

她说：“要不要带线条花纹格子？”

我没有回答她的问题，而是跟她详细描述了我喜欢的西装样式。

我这样一讲，她就知道了我要买的西装是什么款式的，可是她遗憾地对我说：“先生，很抱歉！你要的那种西服，我们卖完了。”

一听到她说没有，我很失望。可是，在我转身要走的时候，她叫住了我：“先生，你等一下。我这里有一个地址，这一家服装店大概有你要的西装，你可以到他们店里去买。”我看了一下她给的地址，有点不明白，她又补充了一句：“其实，那家店离这里不远，你先左转再右转，第五家店就是了。”

我心想：她给我介绍的这家店不就是她的竞争对手吗，她怎么要推荐我去她竞争对手店里买东西啊？

你知道这是为什么吗？因为她不是一个纯粹只想卖东西给我的人，她是一个愿意服务顾客，让顾客满意的店员。

如果你去买东西，遇到这样的店员，你高不高兴？当然高兴。我也不例外。我正高兴地准备离开时，她又叫住了我：“先生，你等一下，我把店门关上，我带你去。”

我怎么可以让她关门不做生意呢，于是婉言谢绝她。可她还是坚持要带我去，最后，我只好跟着她去了。到了那家店，她就叫店员帮我量尺寸，还替我讲价，讲到最低价。最后，我心满意足地买到了我喜欢的西装，拎着衣服准备走的时候，她还问了我："先生，这是你满意的一套服装吗？你对这样的服务满意吗？"

"非常满意，我只是有点不好意思，没跟你买东西，还这么麻烦你。"

"你别这么说，你跟不跟我买东西无所谓，最重要的是你能满意地买到自己要的东西。"

她这么好的服务态度，让我印象深刻。第二天，演讲结束后，我又想买衣服，所以我第一反应就是去这家店。到了那儿，我推门进去，她马上笑着说："杜先生，你过来了啊！"

"是啊，我这一次肯定要跟你买一些东西。"

"你随便看，喜欢再买。"

你知道我为什么要先答应跟她买一些东西吗？因为她昨天对我实在太好，我感觉要回报她。这是人之常情。于是我就挑，挑到了一套灰色的西服，问她这套多少钱。

她马上帮我在电脑上查了一下，就问我："先生，你急不急买？"

"怎么了？"

"你要是着急我就把衣服卖给你，你要是不着急，我建议你下礼拜一再来买。"

"为什么？"

"因为下礼拜一有打折，这一套可以省你好几百块钱。"

我一听，打从心里发出"哇"的声音，我从来没有见过这么棒的店员，为了帮我省钱，让我下礼拜一再来买。大部分人着急把东西卖掉，能赚多少就赚多少，可她却叫我下星期再过来。当时，我就答应了她下星期再过来，但我还是想跟她买点其他的东西，因为我刚才说过要在她这儿买东西的，所以我挑了几条领带，因为领带不存在打折或者过季的问题。

买完领带后，我就问她："我感觉你跟别人很不一样，你做生意的信念到底是什么？”

“杜先生，我工作的目的就是让顾客满意。你进到我的店里，不论你买不买东西，都是我的顾客，我的工作就是让你满意而不是卖东西给你。让你满意的方法就是帮你买到你要的东西，而不是卖东西给你。虽然这两者可能结果是一样的，但出发点和态度是不同的。”

“我第一次来这里买不到西装的时候，你带我去别家买；我第二次来，又叫我等打折再过来买。这样，你岂不是损失了？”

“杜先生，你错了。虽然我损失了一笔生意，但我得到了你的信任。我做成你一笔生意，可以赚一次小钱，但我赢得了你的信任，可以赚长期的大钱。”

看到没有？这叫做惊叹服务、让顾客“哇”的服务，果然她店里都是老主顾，而且衣服的价钱都不便宜。但就是有很多客户来光顾，甚至打电话来叫她帮忙去买衣服，找衣服，可见顾客是多么信任她。客户甚至要买的是她店里没有的女装，也会委托她帮忙去买，帮忙推荐，这就是对她的信任。从中，我们可以看到，她已经不是一个售货员，而是顾客眼中的服装顾问，是顾客眼中的朋友。像她这样对待顾客，才叫顾客服务。不知你或者你的员工有没有做到这样？

第四大信念：顾客的忠诚度值10次以上的购买价值

顾客的忠诚度值10次以上的购买价值。这怎么理解呢？

我举个简单的例子来讲。我想问一下，正在看本书的你，你第一次买我的书，是不是有可能是《绝对成交》，38元一本？你是不是又买过《赚钱机器》，也是38元一本？你是不是还买过我们的《绝对成交》，480元一套的光碟课程？你是不是又购买过一套《赚钱机器》，1280元的光碟课程？你是不是又买了《无敌谈判》？甚至你有可能是来上过我现场的演讲课程？……

你想想看，从你第一次买我38元一本的书到现在，你总共的花费是不是早已超过380元呢？所以顾客的忠诚度值10次以上的购买价值。对顾客忠诚度的培养就是对顾客后续消费的挖掘。

第五大信念：开发顾客的成本比卖东西给老顾客贵6倍以上

第五个你要让员工记住的信念就是：开发顾客的成本比卖东西给老顾客贵6倍以上。

开发顾客很费钱，即使开发成功了也几乎赚不到钱，所以想赚取更多的利润就要保留住顾客，赚顾客后续消费的钱。你是不是有这种感觉：卖东西给老顾客太容易了。为什么会这样呢？因为他已经跟你做过生意，尝过甜头，更重要的是他相信你，所以你就不需要再花过多的成本去争取他这笔生意。他可能会自动把生意给你做，对吗？所以要重视老顾客，而不是不断地去得罪顾客，然后又再开发新的顾客，这样你永远也赚不了什么钱。

第六大信念：口碑比媒体有效50倍以上

接下来，我要讲的第六个信念就是：口碑比媒体有效50倍以上。

这个道理很好理解，你想想看，平时看到一个电视广告，你会不会看完广告，马上就去买东西呢？我想，你不会。就算电视购物频道的广告讲得再好，你大概也要想一想。无论是电视广告还是其他媒介的广告，你都不会马上下决定去购买。但是如果是你身边的人给你介绍某产品的时候，你是不是觉得可信度更高呢？假如，你现在要买某个贵重物品，但是你拿不定主意，如果这时你的朋友告诉你，这个东西不错，你应该马上去买，这时，你有没有可能因为朋友的一句话，而马上下决定去买呢？完全有可能，对吧？

所以，根据研究：人看到电视媒体广告50次才愿意相信的事情，只要朋友讲一次就相信了。所以说口碑比媒体有效50倍以上。口碑影响这么大，可是却被大多数企业所忽略掉。我发现大部分企业把80%的市场营销费投放到电视、报纸、杂志、网络等媒体上去做广告，为的就是开发新客户，而对服务老顾客的费用仅仅只有20%。所以，在这里我要提醒各位，口碑比媒体有效50倍。我认为这应该颠倒过来，你应该把80%的预算拿去服务老顾客，剩下的20%拿去开发新顾客。如果你把80%的预算花在老顾客身上，并把他们服务到让他们非常满意，那他们就会很开心，这样他们就会在外面帮你传播好口碑，为你带来的生意量比媒体带来的可能还要高50倍，明白我的意思了吗？你应该把预算比例颠倒过来才对，可惜的是大部分公司过于重视开发新顾客，而忽略照顾老顾客。

在这一方面，我觉得我们公司还是做得相当不错的。在这里，我就提出来和大家分享一下。来上我们的课程大概要花费9800元，但是当学员们上完课程后，我们却要花掉多于9800元的费用来服务这些老顾客。方式多种多样，可以奖励他们去云南丽江旅游，可以奖励他们去马来西亚旅游，可以请他去新加坡旅游，甚至让他去学习世界级大师的课程。对老顾客的这些服务费用占了我们整个营销费用的80%，甚至更多，但是他们为我们带来的口碑导致新顾客量更大。所以服务老顾客比把同样的钱花在媒体上更有效，明白了吗？

第七大信念：顾客要的感觉是亲切

很多人会说不知道要塑造什么样的感觉顾客才满意，甚至还抱怨说顾客要的感觉太让人难以揣测了。其实顾客要的感觉很简单，就两个字：“亲切”。

这么简单的一个道理，我却发现大部分人竟然不会这一条。他们对顾客说欢迎光临或者谢谢光临时，不是太大声，就是太用力了，所以让顾客听起来很不舒服。或者你发现在买单、点菜或者服务时，服务员的表情要么是太生硬，要么就是太冷漠，甚至是太呆滞，所以顾客左看右看，心里就是不好受。而服务员也觉得委屈，他那么辛苦，却没得到顾客的认可。其实顾客要的很简单，就是亲切。

对于这点，我相信坐过飞机的人，就深有感受。如果你是个经常坐飞机的人，你就会发现国际航班与国内航班的空服人员的服务有多大的差距。一个小小的鞠躬微笑动作，国际航班要训练1000次，甚至1万次，所以他们的微笑让顾客感到很亲切。这也让顾客愿意多付一点钱坐头等舱，多付一点钱坐国际航班。但是，当乘坐国内某些航班的时候，你会发现跟他要杯水都难得不得了。他们给人的感觉就是他是领导，他是官，他比乘客还要大，有没有见过这样的人？太多了。客户要的就是这么简单——亲切。可是，我发现很多人很难做到这一点。

我给很多企业做过内训，相当多的老板问我，要怎么训练才能让他们的员工给顾客亲切的感觉。其实方法很简单，想一想，你们跟你家里的老奶奶是怎么讲话的。

你是不是会亲切地说："老奶奶，睡觉了；老奶奶，吃饭了；老奶奶，我们要出门了；老奶奶，我们一起去旅游。"对家里的老奶奶，你是不是很关切？所以你下次要跟顾客讲话的时候，请你在对客户讲话之前心里喊三个字——"老奶奶"，当你这样做的时候，是不是发现自己的语气一下子亲切了许多？

你现在就练习一下。本来你要说："先生，请排队。"现在你就说："老奶奶，请这边排队。"一说这话，你立刻亲切了。你本来要说："先生，不好意思。我们这边不能答应你这个要求。"现在也请你在讲这句话之前，在心里加上"老奶奶"这三个字。是不是感觉自己变得非常亲切？当然，这个方法，不是让你把"老奶奶"这三个字喊出来，而是在讲话前在心里加上去或者在大脑里加出来就可以了。

老奶奶法则就是你跟老奶奶怎么讲话，就怎么跟你的客户讲话。在心里面先喊出来，然后讲出来的话就会变亲切，笑容就会变亲切，表情就会变亲切。

第八大信念：生意开始和结束于顾客走了之后

接下来，我讲的第八大信念就是生意开始和结束于顾客走了之后。你要记住：所有顾客走了之后的口碑，决定了你的生意。

大约是在十二三年前，我去了一家国有商场买随身听，因为觉得国有企业的质量应该有保证。一进去，就看到这里的服务员是统一着装，都穿着蓝色的制服，给人很正规的感觉，所以我就想：这里的产品质量不仅会有保证，相信服务也会不错，因为他们是国有的。想着想着，我就走到一个卖随身听的专柜，可是走到专柜前，眼前的情景让我很吃惊。你猜，我看到了什么？我看到了一群穿蓝色制服的女服务员，在那儿边吃瓜子边聊天，没有一个人搭理我，似乎她们完全不知道有顾客来了一样。我只好自己在柜台前看，看了半天，我就指着一台随身听说："小姐，这一台多少钱？"这名小姐正在吃瓜子，她

用很不耐烦的表情看着我说："上面有标价，自个儿不会看吗？"她一副我打扰了她的样子，因而我也不敢再多问，就真的自个儿在那里看价格。看了好久，我看中了一台价格高一点的，我想价格高一点，品质应该也会好一些，可是我又不知道这个产品跟其他产品相比，到底好在哪里。那时，我很希望服务人员跟我解说一下，毕竟我对这个产品不太熟悉，但是她们没有一个人主动理我。

实在没办法，我只好硬着头皮再问："小姐，这一台比较贵，而那一台比较便宜，它们哪里不同呢？"

服务员本来是在吃瓜子聊天的，听到我这样问，马上来一句："价格不同。"

这不等于没问？我当然知道它们价格不同，我要问的是这两台为什么价格不同。后来服务员又补充了一句："厂家不同，品牌不同。"这些我从说明书上都能看到，我是想知道它们的功能和品质有何不同。她三言两语地敷衍我，然后又开始吃瓜子、聊天，似乎我来买东西是打扰到她们一样。她们满不在乎的态度，让我下决心到别家去买了。本来我是带着钱要买东西的，结果，我带着钱离开了。这也不能怪那些服务员，因为不管我口袋里放了多少钱，她们也赚不到半毛钱。所以服务品质的好坏跟公司体制有绝对的关系。

就这样，我走出那家国有商场，到了对面一家私营商店。我一进去，这家私营商店的老板非常热情地招待我，还跟我详细地介绍产品，跟刚才的服务员相比真是天壤之别。听这位老板介绍完，我立刻掏出钱买了一台随身听。为什么我就会立刻买了？这也是跟体制有关系的。

后来，我离开这个城市去外地演讲，一个多月后回来，刚好经过那个国有商场，看见商场门口坐着一排穿蓝色制服的工人。于是我就好奇地下车去问一下："你们怎么啦？"

其中一个人说："抗议。"

"抗议啥？"

“不开工资。”

“为什么不开工资？”

“公司效益不好。”

他还知道效益不好，我又问：“为什么效益不好？”我心想：就是把客户赶走了，砸了你饭碗，砸了你同事饭碗，砸你老板饭碗，所以你们效益当然不好。

“管理不善。”

他还知道管理不善，真不能怪他，要怪就怪他的上级管理不善，他的老板不会设计一个以客为尊的服务体制，才造成服务员无法认真努力地服务客户，才造成效益不好，开不出工资来。这个故事告诉我们：***生意开始于顾客走之后。***

顾客一走，在外面的口碑有三种——

第一种：推荐；

第二种：不推荐不否定；

第三种：反推荐，就是否定。

比方，我现在要去理发，我就问小张他们这里哪一家美发店好。对于这个问题，可能有三种情况。

第一种，小张可能会说：“我告诉你，那一家特别好，那一家潮流美发非常好，来到我们这里就得去潮流。”小张之所以会向你推荐潮流，说明潮流这家美发店曾给他留下好的印象。

一听到这句话，我去不去呢？当然，去。这是正面口碑。

第二种，小张可能会说：“美发店这么多，去哪儿剪不都一样。”如果他真这样讲的话，就表示潮流没有带给他好印象。

第三种，小张可能会说：“在我们这个城市，去哪儿剪都行，就是别去潮流剪。”如果他是这样对我说的，说明他反推荐，表示他曾经在潮流得到过非常恶劣的服务。

每一个客户在接受服务的过程中，你和他所有的接触，就像在他头上盖章一样。第一种客户推荐你，说明他被你盖了加号。他离开你店的时候，心里是正面的印象，所以他会乐意去替你推荐。现在，就请你想象一下，你要怎么帮每一个客户盖加号。所以在服务的过程中，你要告诉自己，你不是在洗头，而是在盖加号；你不是在剪头，你是在盖加号；你不是在卖东西，你是在盖加号。

如果客户出门时，被你盖了减号，他下次就会反推荐你。而那种没被盖加号也没有被盖减号的客户，他不推荐你，也不否定你，明白了吗？记住：生意开始于客户走了之后。

第九大信念：公司的政策是成败的关键

第九个，我要讲的信念就是公司的政策是成败的关键。

有一次，北京一家公司聘请我去演讲。到了之后，朋友临时来电话，说他们有事，要晚点才能来接我，让我先在宾馆等一下。于是，我就拎着行李，去了附近一家宾馆，想把行李先寄存在那儿，再出去逛逛。走到前台，我对服务员说："小姐，我要寄存行李。"

"你几号房？"

"我还没有开房。"

"先生，很抱歉，我们只帮住客寄存。"

"等一下我就会成为你们的住客，现在你先帮我寄存。其实，结果是一样的，你们没有损失。"

"先生，很抱歉，先开房再寄存。"

"我要是开了房，我就不用寄存了，你明白吗？"

"很抱歉，我们这边都是只帮住客寄存。"

"我要是有房间我就不用寄存了，等一下我才要开。现在我要去逛一逛，我嫌麻烦，我才把行李放你这儿。等一下我回来拿行李的时候，我才开房，那不是一样吗？你为什么非让我现在开房呢？”

“先生，你可以先开房。”

“我朋友会来帮我开，我现在无法自己开。因为我朋友等一下才来，所以我现在要去逛一逛，这样合理吗？”

“那很抱歉。我们政策规定：只帮住客寄存。”

当时听她这样讲以后，我觉得实在没必要和她理论下去，她拿政策来压我。我可不是你公司员工，我是你顾客。你们公司的政策是叫你来得罪我的，还是服务我的？你们公司政策是以什么为出发点呢？你们公司的政策是用来规定让你去赶跑顾客的吗？我越想越生气，感觉肚子里火都要冒出来了，我干脆让她叫她的经理出来。

经理一出来就说：“先生，有什么可以帮到你吗？”

我心想经理应该比较明理，我就把寄存行李的事一五一十地告诉了他。没想到，他的回答跟刚才那名服务员一样，同样用公司政策来压我，还说万一给我寄存了行李，我等下不开房怎么办。

“经理先生，我要是等一下不在你们这里开房，你罚我跟房费一样的钱，可以了吧？”

那名经理想了想，然后又说：“我们没有这个政策，政策规定不允许。先生，很抱歉。”

不知道这样的宾馆你有没有遇到。可是我要告诉你的是，我从东到西，从南到北，遇过不少新鲜的事，你别以为我讲得太夸张，真有这回事。

如果你想要赶跑顾客的话，我现在就教你一句话：公司政策规定。你只要说出这句话，我保证十个顾客有九个都跑掉了。顾客最讨厌听到公司政策规定。

平时，你自己接受服务的过程中，有没有听说过这句话？听到这句话，你有什么感觉呢？

我想问一下，公司的政策是谁定的，公司的政策是用来干吗的？

制定政策是用来得罪人，还是用来服务人？所有人都认为，政策是用来规定你们员工的。我是顾客，不受你们公司政策的约束。你要让我满意，我才花钱。即使你不是这样想，但至少我是这样想。

第十大信念：服务顾客很重要，提醒顾客更重要

第十大信念非常重要，那就是服务顾客很重要，提醒顾客更重要。什么叫服务顾客很重要，提醒顾客更重要呢？

举个例子。相信每个人对火车上的列车员和飞机上的空姐一定不陌生。现在我们就来比较这两者的不同。你想一下，列车员的薪水跟空姐的薪水相比，哪个高？毫无疑问，是空姐，对吧？列车员的工作跟空姐比，谁辛苦？是列车员，没错吧？相对列车员而言，空姐的工作轻松且工资高。空姐的工作就是对乘客笑一笑，说："欢迎搭乘南方航空。"偶尔也就帮顾客拿拿行李，绑绑安全带，然后就什么事都不用做了，可是她们的工资却那么高。而列车员呢？列车员拿那么低的薪水，却做很多工作。天寒地冻，他们要在车站接车；三更半夜，他们不能在列车室里睡觉，要起来换票、扫地、倒热水、弄垃圾、叠床单……看了我这样的描述，你一定觉得列车员服务得够辛苦的，对吧？但是，如果我现在问一下，空姐和列车员谁服务好？我想，一般人都会说：我感觉空姐服务好。

你知道，为什么列车员那么辛苦，但大数人还觉得他们服务不好呢？现在我们就一起来分析一下。人们之所以觉得空姐服务好，主要在于她们懂得在恰当的时候提醒顾客。在你拉着行李上飞机之前，空姐会站在门中，对你微笑，欢迎你登机。于是一个甜美可爱的微笑，

让你所有的辛苦与心烦抛在一边，所以你一上飞机就有一种舒畅的感觉。等你拿着行李走到走道上面时，就有一位穿着合身制服的漂亮小姐对你说："你座位几号？我帮你看一下。"当你要把行李放到行李架上时，她会稍微推一下，其实她也没帮你出多少力，可是你觉得好开心。接下来，她就叫你扣好安全带，告诉你逃生门在哪儿，然后演示一下氧气罩怎么用。演示完之后，她向你鞠个躬，说："今天我是你的乘务员。谢谢你给我们批评和指教。"

下飞机的时候，你下去之前看一下门口，一定有位空姐站在那儿，微笑着欢送你，说："谢谢你搭乘我们南方航空，希望下次再来。"这样一看到她的微笑，你又愉快地下飞机了。看到没有？人家懂得在合适的时候提醒你，让你感到她很重视你，关心你，尊敬你，所以在你的印象中觉得空姐服务好。所以你愿意付更多钱去坐飞机，因为你不想得到低档列车员的服务。

列车员是怎么服务的呢？你风尘仆仆地拉着行李跑到站台，列车员看到你提那么多行李，也不会帮你拿一下，只会呆呆地看着你。等你准备上车的时候，他会吼着对你说："快，快，快。"你有没有看到过这样的情景？你好不容易上车后，列车员又凶巴巴地叫你到后面的车厢去。当你气喘吁吁地跑到后面，还没站好，马上就有列车员推着餐车过来，他又叫你走开，不要挡道。你就只好挤啊挤，终于找到一个位置坐下，可是没多久，列车员就过来拖地了，搞得你不知道把脚放哪儿，也没胃口吃东西。半夜里，列车员甚至还要帮乘客盖好被子。差不多到站的时候，列车员就会把你叫醒，让你起来换票。你看看人家多辛苦，做这么多事却挨你的骂，让你讨厌。为什么？

因为他不会在恰当的时候提醒你，他也很关心你、重视你、认可你，可是他给人的感觉就是他是大官，你是他的下属，所以你觉得他服务不好。

这样的情景，这样的列车员，你有没有遇到？我相信你也有遇到，也有跟其他乘客一样的感受，觉得列车员服务不好。可是，这也是没有办法的，火车是独家的，没有竞争对手。你看看，要是引进一个民营的竞争对手来搞铁路、火车的话，列车员的服务还会不会这样？说到底这是体制问题。当然，我不是批评他不好。我是想告诉你，提醒顾客的艺术很重要。

客户服务的道理，你明白了吗？这十大顾客服务的信念，如果你看明白了，并用一个月的时间在你的企业内推行一条这样的信念，我相信十个月后，你公司的业绩会倍增。

本章小结

1. 正确的服务信念，让你有积极的行动。如果你能始终如一地把这十大信念贯穿工作的整个过程，你服务的热情就会被激发出来。

2. 掌握了服务的信念就掌握了服务的真谛，也就找到了吸引顾客的法则。

本章问答

1. 你过去曾对服务有哪些错误的认识？

2. 你打算如何推行这十大服务信念？

3. 这十大信念你做到了哪几个，还有哪些需要改进的？

____

____

____

第六章

服务顾客的十个关键时刻

抓住服务的关键时刻，就等于按住了顾客的心动钮，可以达到四两拨千斤的作用。在对的时间里做对的事，最容易俘虏人心了，而服务顾客的精髓也就在于此。

本章要点

第一个关键时刻：初次接触时

第二个关键时刻：当顾客生气时

第三个关键时刻：当顾客有特别要求时

第四个关键时刻：当顾客拿不定主意时

第五个关键时刻：当顾客有抗拒时

第六个关键时刻：当顾客想买时

第七个关键时刻：当顾客购买后

第八个关键时刻：当顾客拒绝时

第九个关键时刻：当顾客抱怨时

第十个关键时刻：当顾客快要失望时

关键时刻的必胜之问

第一个关键时刻：初次接触时

在前面的内容中，我已经把服务的思想、精神、信念都讲完了。现在就讲讲有关服务顾客的关键时刻。

其实你只要在几个关键时刻做对事情了，顾客就会在脑门上被你盖加号；如果你在几个关键时刻做错事情了，顾客就对你盖减号。客户在关键时刻，也就是特别敏感的时刻，看你的表现怎样，这也决定了你的客户服务好不好。所以接下来，我就跟你分享服务顾客的十个关键时刻（如图7），也就是在顾客头脑上盖章的关键时刻。

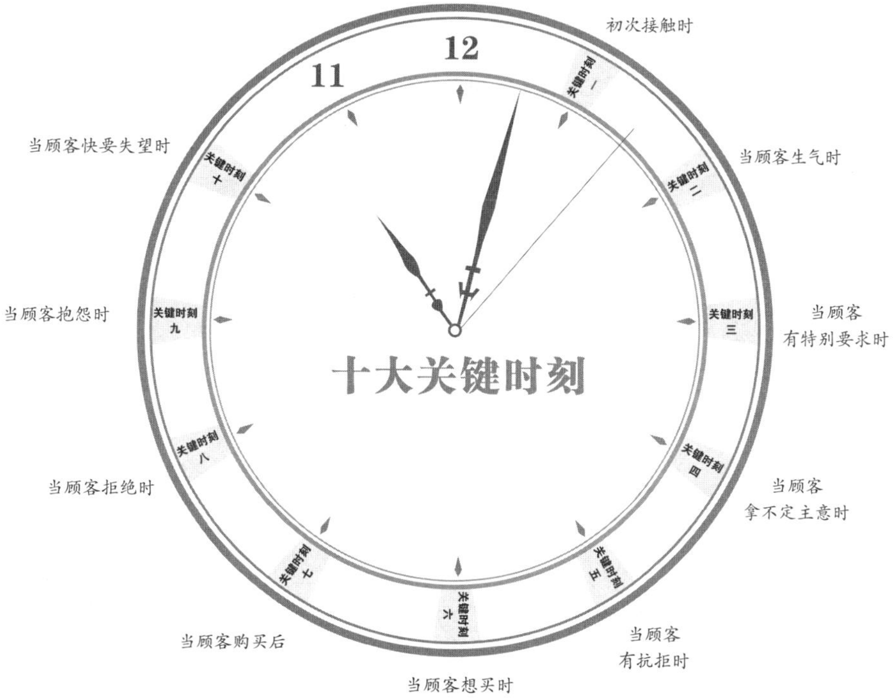

图 7

第一个关键时刻就是初次接触时。什么叫初次接触时？跟顾客见面的那一刹那，是顾客最敏感的时刻，那一刹那对他来说是第一印象，也决定了他是否喜欢。在那一刹那你怎么对待他，决定了他往后要不要继续再跟你接触。这一个关键时刻很重要，可是很多人不了解在关键时刻要做什么。下面，我就一一告诉你。

你看到顾客上门了，这就是一个好的行为。这时候，你就要回报他，感激他，还要给他快乐。不要忘了母猪的故事。那要怎么样让他感觉到非常快乐呢？因而在他一上门的时候，你要有万全的准备让他感受到快乐，并且要让他感觉到你的用心。这个万全的准备，决定了顾客要不要继续跟你做生意。

所以，初次接触时，万全的准备是回报他的最好方法。这里，我教你十个回报顾客的好方法。

第一，见面时的礼貌要训练。

第二，接电话的礼貌要训练。他电话里都会感觉要不要跟你做生意。

有一次，我打电话到酒店订房，连续打了两次都没人接，直到我打第三次，电话响了半天，才有人接。于是我就说："你好，我要订房。"服务员慢悠悠地说："好，我给你转到订房部。"说完，她马上就把电话挂了。请问，我还要不要再打电话去订房？当然不要了。她是订房部一线的接线员，服务态度都这么差，我想，她们的客房服务也不会好到哪里去，所以我就不在她们那儿订房了。

第三，赴约时的礼貌。你准备去见顾客时，一定要准备好赴约时的礼貌。

第四，针对问话做好回答的准备。顾客会问你哪些问题，你事先都要想好。

对顾客所有的问话，你要做到有问必答，一问一答。你可千万别说，这个我要问我的老板，那个我要问一下我们的经理。如果你每次都这样回答不了他的问题，那他就不会和你做生意了。

第五，针对个别状况做准备。有些顾客是有特殊情况，所以你要为此做个别准备。有些人来你这个地方消费的时候，就是跟一般人不一样，因此你要去抓出那个有特殊情况的人。到底有哪些特别的情况，你要做好准备。我就以餐厅为例。来你餐厅吃饭的人，品味各异。有人要吃川菜，有人要吃粤菜； 有人要吃甜一点，有人口味就是咸一点。因此，你们餐厅的菜就不能永远只有一个味道，更不能认为不同的人都得适应你餐厅的品味。出现这种特殊顾客时，你要针对各种不同的状况，对他们做好准备，马上调辣一点，或者马上调甜一点，总之就是要保持弹性。

第六，服装。相信这个不需要多说，我已经说过多次了。

第七，专业的话语。顾客来到你店里或者你公司里，你要检查一下，你们对顾客的讲话是否够职业化，够专业，你们所说的是否会让顾客觉得第一印象好。

第八，善于倾听。听什么呢？首先，要听顾客说什么。你要记清楚顾客跟你讲过的话。不要顾客一讲完，你再问人家刚才说什么，顾客则告诉你，他刚刚讲过了。如果真发生这样的事，不仅会尴尬，还让顾客感到你不重视他。其次，听顾客不想说什么。有些顾客，就是有自己不想讲的话。这时，你就要从他的讲话中听出他的话中之话、弦外之音，要懂得旁敲侧击。而有另外一些顾客是想说，但又不能准确地表达。所以你要认真倾听，听出他真正要表达的是什么。比方讲，有顾客来你们店买东西，她自己也不能清楚地描述出她要买的东西，于是她模糊地问："你们店里，有没有卖那个东西，大概是……"

"你到底要买什么啊？"

"就是那个，那个……你们有没有卖？"

"哪个呀？小姐，我们店里这么多东西，你自己随便找吧！"

这个店员没有搞懂顾客的话，导致他不知道顾客到底要买什么，只是轻描淡写地告诉顾客，他们店有那么多东西，让她自己随便找。

如果你是这位小姐，你会怎么样？我想你会马上走掉。

第九，解决方案要一步到位。如果你给顾客提供的解决方案能一步到位，他就会对你给他提供的产品方案或者设计方案感到满意。顾客要的是你能一步到位解决问题，而不是要你反反复复地解释，让他觉得来这边是浪费时间。

第十，感谢他上门的方法。还记得吗？我一进酒店，服务员就把热毛巾递过来了，那就是感谢我上门的方法。还有一次，我逛街，逛到一个服装店门口，感到非常热，还出了一身的汗，看到服装店里面有空调，于是我就推门进去。一进去，真的感觉很凉快。那时，我进这家服装店完全是为了吹吹冷气，根本没有想到要买衣服。可是有个服务员立刻走过来，她没有问我要买什么衣服，而是说："先生，喝杯冰开水。"

"好。"我正好很渴，于是就一口喝光了冰水。

她看到我喝完了水，就马上过来拿杯子，并问我："先生，要不要再来一杯？"

"好。"

"要冰红茶还是可乐？"

"红茶。"

"先生，冰红茶。"她真的给我倒了一杯红茶。

我又一口喝光了，她又问我要不要再来一杯，这回我可真的喝不下了，就对她说不用了。

可是，你想一下，我连喝了两杯饮料，我现在好不好意思就这样走了呢？当然不好意思。所以，我假装东看西看。可是她也没急着要卖东西给我，只是说了一句："先生你慢慢看，需要什么你叫我就好了。"

我本来就什么东西都不想买的，结果，那一天走的时候，我买了两条领带。看了这个故事，你明白这个道理了吗？客户一上门，你要用什么方法立刻让他惊喜，你要用什么方法让他觉得你很感激他，你很尊敬他。只要他快乐，他就愿意长期再上门。随我复习一下，刚刚讲的是初次见面时万全的准备，接下来讲第二个。

第二个关键时刻：当顾客生气时

第二个关键时刻就是当顾客生气时。当顾客生气时，你应该怎么办呢?

有人说，当顾客生气时，我就躲开。如果你有这种想法或者做法，都是大错特错的。顾客生气了，你要用和气化解他的生气。你要知道，“伸手不打笑脸人”。顾客生气了，有些人还显得理直气壮，其实这种态度是不可取的，这时你要“理直气和”。当顾客生气时，用和气化解生气的要点有以下四点：

第一，保持冷静。

顾客生气了，你可千万别跟着生气。如果你也生气，那就糟糕了。这时，你一定要保持冷静，心平气和地跟顾客谈。

第二，体谅他。

这个时候，你要很体谅顾客，站在他的角度去想。你可以这样说：“先生，我很理解你的处境。我知道，如果我是你，我也跟你一样会这么生气的。”只要你说完这句话，顾客心中有多大的气，也会消了一大半。

第三，想办法帮他解决问题。

顾客生气了，你以为他是无理取闹或者故意为难你。你要知道，顾客绝对不是要找你麻烦，也绝对不是跟你吵架，他是要你赶快帮他解决问题。他之所以会生气，是想借愤怒，借肢体动作，借大声，来让你感受到问题的严重性，希望你关注他。

第四，处理完事情以后，事后比事前更客气。

当你把顾客的问题解决后，你的态度要比之前更谦和，更客气，这样顾客才能感到你是真心诚意的，而不是矫揉造作的。

第三个关键时刻：当顾客有特别要求时

第三个关键时刻就是当顾客有特别要求时。当顾客有特别要求时，全力满足顾客说YES。记住，顾客服务从说YES开始。

顾客有特别要求时，你处理不好，他就会觉得你服务不好。顾客有特别要求时，你要抓住机会，马上答应他。大部分情况下，只要你答应他了，他就会满意得不得了。事实上，大部分客户不会提出无理的、夸张的、不合情的、不合法的要求，所以只要顾客有特殊要求，你尽管放心对顾客说YES。记得我刚才讲过的话吗？顾客服务从说YES开始。具体应该怎么做呢？

第一，全力满足。

第二，把它当大事看待。

对于顾客提出的特别要求，你不但要答应他，还要超额付出。在这里我教你两个必杀问句："先生，我答应您的要求了，做好了，你额外还有什么要求吗？""这位女士，我答应你的要求了，还有什么额外的要求，需要我做什么吗？"

我刚才讲到的五星饭店——台湾亚都饭店硬件设施很差，可是为什么他们生意很好？这是因为他们的服务好。为什么他们能把服务做得这么好呢？因为老板教育全公司的员工，让他们对顾客的要求一律说YES，不准对顾客说NO。顾客要你倒茶、换床单、洗衣服、擦鞋、延迟退房……你统统要说YES。五星级酒店里什么客人都有，客人有什么要求你都得说YES，不准说NO。这样的酒店服务，你觉得好不好？当然是非常好。如果你是服务员，你能做到这样吗？

很多人会说，我办不到。万一顾客有不合理、不合情、不合法的要求，怎么办？公司老板规定不准说NO，就是不准说NO。如果顾客真有不合理的要求，你在要说NO之前，先请示老板。只有上级批准了，你才能说NO。

现在，你知道为什么很多行业服务不好了吗？他们把它颠倒过来了。一般的服务行业都是尽量对顾客说NO。顾客一有什么要求，他们就会说，我没有权力，我要请示老板。等到老板答应了，服务员才敢答应顾客的要求，才敢对顾客说YES。尽管最后顾客的要求得到了满足，可是你延迟服务他的时间。结果，导致顾客不满意，他觉得你反应太慢了。

然而，亚都饭店却不是这样的。亚都饭店的员工都有权力对顾客说YES，除非是不合理的要求，他们才会请示上级。并且要得到上级的批准，员工才可以对顾客说NO。亚都饭店这种全力对顾客说YES的服务，让来他们饭店的客人感到亚都的服务非常好。这种不同要求都能满足的酒店，不就是世界级一流的酒店能带给客人的吗？所以，顾客有特别要求时，全力满足说YES。

第四个关键时刻：当顾客拿不定主意时

第四个关键时刻就是当顾客拿不定主意时。关键时刻到了，你若处理得好，顾客很满意并感谢你；你若处理得不好，顾客就觉得你服务不好，他也很失望。所以在关键时刻，一定要慎重处理顾客的要求。

什么叫顾客拿不定主意时呢？比方讲，顾客到你店里买衣服，可是他不知道买哪一件好，也不知道买哪一款好。这时，你要给他帮助，给他提建议。记住，***顾客拿不定主意时，要你给建议你就给建议。***

记得有一次，我到一家餐厅去吃饭，看到菜单上有辣子鸡和辣子虾，但它们的样子差不多，都是放一大堆辣椒，于是我就问服务员，辣子鸡好吃还是辣子虾好吃。

“先生，辣子鸡不错，辣子虾也挺好。你自己看你要什么，我们这边每个人口味不同，我不能帮客人做决定。”

听完之后，我觉得让他帮我做个决定好像很费力似的。我只是希望他给我一点建议，说不定他说点什么，我就点什么了。那时，我实在拿不定点什么好，就再问了他，到底辣子鸡好还是辣子虾好。没想到，他还是说，每个人口味不同，我觉得好吃的，未必你也觉得好吃。我不是故意要麻烦他，只想知道哪个好吃，我就点哪个。后来，我又问他："这两个菜哪个点的人多？"

"先生，点什么的人都有。别人点的也未必与你相同，还是看你喜欢吃什么。"

"有这么费劲吗？你就告诉我辣子鸡和辣子虾哪个好吃就行。"

"很抱歉。先生，你自己决定。"

你是不是也遇到过类似的情景？很多人不敢帮顾客下决定，不敢给建议；很多人很清高，让顾客自己安排。其实，这都是不对的。当顾客拿不定主意时，如果你处理得好，顾客会非常开心。怎么处理呢？

第一，你要了解他是否有决定权。要不然你给建议也没用。

第二，你要向他问一些问题，以便了解他。你应该问一问，通过发问了解一下顾客的信息。

第三，给建议，说理由。比如，你说："先生，我建议你点辣子虾。一是，你还没有点海鲜。二是，你已经点了两盘鸡，没必要再点一盘了。"顾客一听，觉得很有道理。记住：给顾客建议时，要说理由顾客才容易接受。

第四，不要给太多选择。否则顾客还是拿不定主意。

第五，自信要超过顾客。你非常自信地帮顾客做决定，给他建议，他反而感觉非常好。如果你自己犹豫不决，顾客就不会相信你。

第五个关键时刻：当顾客有抗拒时

第五个关键时刻就是当顾客有抗拒时。顾客一有抗拒，就会说你的产品贵，会嫌你公司不好，会抱怨你的服务不好……如果出现诸如此类的抗拒时，你不要和顾客辩论，要不然会赢了辩论，而输了生意。记住：不论顾客有什么抗拒，你都不要和他争辩，你要做的就是认同他。这时，你要对他说“是的，是的”，先保持这个认同的态度，再向他解释。

关于这一点，我教给你一个递进式：感受—觉得—发现。怎么理解这个递进式呢？也就是说，当顾客有抗拒时，你先这样对他说：我理解你的感受，以前我的朋友陈先生，他也这么觉得，后来经过体验产品之后，他发现原来事情不是这样的。这就是我刚才讲的“感受—觉得—发现”，明白了这个递进式了吗？除此之外，你还可以用以下几种说法：

1. 我很同意你的说法，同时我也有一点小小不同的意见，你可以听一下吗？

2. 我很感激你的意见，同时我可以表达一下我这边的看法吗？

3. 我很尊重你的看法，同时你可以听听看我的意见吗？

如果你能这样先认可别人，别人就感到自己被尊重了，也就会对你以礼相待，甚至他会心平气和地听你的声音。但是，如果他被你反抗了，他比你要更大力地反抗你。总之，当顾客有抗拒时，不争辩，而是认同他。

第六个关键时刻：当顾客想买时

第六个关键时刻是当顾客想买时。你有没有遇到这样的情况：有顾客想跟你买某种东西，可是他就是犹豫不决，下不了决定，你也不帮他下决定，最后，他只好离开了？假如你是这位顾客，因为下不了决定而离开时，你感觉好吗？可能你会感到失落。事实上，你没有买到你想买的东西，也会有一种失望的情绪。所以顾客需要你帮他下决定时，你要果断地帮他下决定。否则，他会因此而感到难过，觉得你服务不好。所以在顾客想买时，你要做以下几点：

第一，帮顾客下决定。“先生，买这个没问题。”在顾客想买的时候，你对他说这句话能加强他的决心。

第二，让顾客买得容易。在顾客有购买欲望时，你要提供方便快捷的交易方式。比如，提供刷卡服务、分期付款、先交订金等多种不同的交易方式，方便有需求的顾客。

第三，看顾客想买的时候，直接提要求。大部分人因为恐惧、害怕被拒绝等心理障碍，而不敢要求顾客下决定。这时，他们会在心里想：你要不要买，随便你，你自己看着办；你要考虑，那你就自己慢慢考虑……这些想法都是错误的。此刻，你要做的不是用各种错误的想法限制自己，而是直接要求他。或许，你也曾对顾客要求过，可是你要求一次就放弃了，生意当然也没做成。据统计，有46%的人在要求一次之后，被顾客拒绝，就不敢再要求顾客了。而那些敢再要求的人，有24%的人被第二次拒绝后，也放弃了要求。这也是失败者的表现，这时，你应该要求第三次。你敢要求三次吗？敢，对吧？可是有

14%的人大胆开口要求三次后，被拒绝了，他还是放弃了。三次被拒绝后，你还有勇气要求第四次吗？在这种情况下，可能12%的人敢要求四次，但是被拒绝后，结果是跟前面一样，也是选择放弃。四次要求被拒绝就放弃的人加起来有96%，但是有60%的生意是在被拒绝五次之后成交的。换句话说，只有4%的人能得到60%的生意。所以，只要你敢要求，再要求，最后，顾客就跟你做生意。

第七个关键时刻：当顾客购买后

第七个关键时刻就是当顾客购买后。在前面，我就讲过，很多人在顾客购买东西之前，会对顾客百般地好，可是在顾客买完后，热情就冷却了。顾客也因此担心，买完东西后会受冷落。所以当顾客购买后，更是关键时刻。你特别要处理好这个关键时刻。怎么处理呢？很简单，给顾客的超过你所承诺的。下面，我就举一个例子来讲解一下。

台湾经营之神王永庆，是卖米起家的。当年，有人来跟他买米，他总是会在顾客买完东西后，给他们惊喜。比如，有位大娘来跟他买两斤米，他称完米后，就会说："大娘，这是两斤米，一共15块钱。"

在大娘掏15块钱付给小王的时候，小王说："大娘，我再给你加一点。"

小王给大娘多加了一点米，却不多收一分钱。如果你是这位大娘，你买大米后，你高不高兴呢？当然高兴，对吧？

下次，在大娘来买米的时候，刚好米价升了，小王就不好给大娘加多一点，可在大娘买米后，还是给了大娘惊喜。他会在大娘付钱后，多给她火腿肠和鸡蛋。拿着免费的火腿肠和鸡蛋，大娘开不开心呢？当然开心了。

王永庆每次在交易完之后，会额外给人家多一点，总之就是永远让顾客得到的比想象的还多。所以，顾客都喜欢跟他做生意。

由此可见，当顾客购买后，给顾客的超过你所承诺的。要做到这，必须注意以下五个要点：

第一个要点，加强他刚刚的决心。

第二个要点，购买之后，你可以在订单上写下你的承诺。比如，要交多少货，几天送到，等等。

第三个要点，打电话问候他。比如，问你们的货送到没，用你们的东西感觉怎么样。

第四个要点，建立密切的关系，并多联系他。

第五个要点，不断超越承诺，比你原本答应的还要再对他更好一点。如果你能做到不断超越承诺，顾客就会给你盖加号，觉得你服务好。

第八个关键时刻：当顾客拒绝时

第八个关键时刻就是当顾客拒绝时。当顾客不买的时候，怎么办呢？

松下幸之助教育他的经销商，当顾客上门东看西看，并且你花了很长时间招呼他，结果他不跟你买东西，这时，你要怎么对他呢？答案是对不买的顾客要比原来更客气。我们举个例子来讲吧。

“先生，最后决定你要买哪一款？”

“不买，不买。我走了。”

“谢谢！谢谢！”

“慢走，我送你！”

“不用，我又没有跟你买东西。”

“没关系，毕竟你给了我一个机会，让我为你服务。希望你有机会能再回来，谢谢。”热情地送客户离开。

可是，大部分的客户不买的时候，服务人员都白眼看人家，总是一副很烦、很失望、很无奈的表情，甚至连巴不得他快点走的情绪都表露出来，其实客户也有所准备，所以他心里也不好受。

因此，当你对不买的客户比原来更客气的时候，也许他对你有好印象，也许下次会回来跟你买东西，或者会介绍客户跟你买东西。你觉得有没有这个可能呢？当然有。所以，对不买的客户要比原来更客气。

第九个关键时刻：当顾客抱怨时

第九个关键时刻是当顾客抱怨时。当顾客有抱怨的时候，你应该怎么办呢？

唯一的解决之道就是你要抱着“感谢抱怨、欢迎抱怨、解决抱怨”的态度。你不要害怕顾客的抱怨，事实上，顾客的抱怨有三大好处：

第一，顾客的抱怨可以指出你的不足，指出公司的缺点。

第二，顾客的抱怨是你再次服务他的好机会。如果顾客有抱怨，却一声不响地走掉，你就没有机会重新对他好了，而他也不会再度跟你做生意。

第三，顾客的抱怨是加强顾客忠诚度的好时机。什么意思呢？你有没有一种感觉，就是顾客从头到尾没有一点抱怨，就这样很正常地离开，你觉得这样他会对你印象深刻吗？当然不会。因为只要事物按着正常的事理发展，大多数人不会对它有什么印象，但一旦额外的事情发生了，人们就会记忆深刻。根据这个原理，顾客一有抱怨的时候，你就抱着“欢迎抱怨、感谢抱怨”的心态帮他解决抱怨，直到他满意为止，这时，他对你的印象比原来更深刻，他对你的口碑比原来更信赖，他对你的忠诚度比原来更高。这就是我要讲的“感谢抱怨、欢迎抱怨、解决抱怨”。既然顾客的抱怨这么重要，那么处理好顾客的抱怨就显得犹为重要。

接下来，我就跟你分享一下世界级的企业处理顾客抱怨最重要的八个步骤：

第一，诚恳地了解。顾客一旦有了抱怨，要马上诚恳了解顾客的抱怨。

第二，要做一下记录。了解顾客的抱怨后，马上把他的抱怨记下来。

第三，了解他希望的解决方法。只有采取顾客喜欢的解决方法，他才会最终满意。

第四，提出解决方案并让他同意。

第五，若对方不接受，请对方自己提出他想要的解决方法。

第六，解决了之后，还要打电话过去，看他是否满意。

第七，确定公司是否真的把此事处理完毕了。

第八，要给他留下你服务很好的印象。

这八个步骤，世界一流的企业都在做，所以你一定要照这几个步骤去设计一套你的抱怨处理的系统。因为我说过服务顾客很重要，提醒顾客更重要。这八个步骤，不但可以让你知道公司是否真的解决了问题，同时还可以让你给顾客留下你们服务很好的印象。

第十个关键时刻：当顾客快要失望时

第十个关键时刻是当顾客快要失望时。什么叫当顾客快要失望时？顾客总会有些要求你满足不了；顾客总会有一些事情谁都不希望发生，但却发生了。怎么办？首先要道歉，然后要补偿，最后还要“加一”。这是什么意思呢？下面，我就举个案例，逐一解释。

有一次，我订做一套西服，可是拿回家一穿，发现西服裤长了。我只好打车回去问个究竟。

一到西服店，我劈头就问：“你们怎么搞的，裤子长了这么多？”

“先生，很抱歉！”一位店员非常歉意地说。

这就是我刚才说的，首先要道歉，而不需要任何的解释。接下来，就讲一讲“补偿”。

“先生，这是我们的错，我帮你修改好。”

这就是补偿。补偿顾客的损失，顾客会认为这是你应该做的，所以就不会惊喜。所以此时，你还要“加一”，就是给顾客一些补偿以外的小恩小惠。

“先生，在我们这里只有消费满7000元，才拥有700元一张的优惠券。现在我们就送你700元的消费券一张。尽管你没有消费满7000元，但我们还是会送你一张700元的消费券。希望你能在一年之内再次光顾我们的店，随便选购任何你要的衣服。因为这次是我们做错了，所以希望你能重新给我们服务你的机会。”

这就是我说的，补偿之后，还要“加一”。这时，顾客就会觉得你服务很好，也特别乐意重新和你做生意。

请问一下，如果刚刚这家西服店的店员只是跟我道歉，缝好我的裤子，我对他们的服务印象就不会非常好了。而最后的“加一”则让我由衷地发出“哇”的赞叹声，并愿意重新给他机会。

明白了吗？这就是“道歉”、“补偿”、“加一”。当你做错了一件事，记住：

第一，赶快道歉，不要解释理由。

第二，把你该补偿人家的补偿了。

第三，补偿完欠人家的后，你还要略施小惠“加一”。

在顾客快要失望时，你只要把“道歉”、“补偿”、“加一”这三件事都做了，顾客就会再次燃起与你做生意的意愿。此外，还有需要特别注意的一点是你的说话方式。这时，顾客本来就很失望，如果你的表达方式有问题，即使你给顾客再多的“补偿”和“加一”，他同样会对你失望的。下面，我就举一个例子跟你分享。

记得有一次，我买了一台特价的电视机，因为比较便宜，我就再三问他们有没有售后服务。他们一再向我保证有售后服务，那就是包修。后来，电视机没有多久就坏了，我自己弄了好半天，还是没修好，于是就打电话报修。很快，他们的公司就派了一名维修工到我家来，可是这名维修工让我失望透顶。他检查完电视机就对我说：“先生，你这个电视机有零件被弄坏了，你要花点钱买零件。”

我说：“不是包修吗？”

他说：“是包修，可是我们没说包修就是包修好。”

当时，他此话一出，我真的被吓了一跳，并气愤地问：“包修不等于包修好，那你是什么意思呀？”

他说：“你要买零件。”

我说：“好吧，好吧！买零件就买零件。”

当时，我真的是被气死了。事后，我再想，其实也不能怪人家，零件是我弄坏的，要我买，这并不为过。可是他讲出的话不好听，所以我才很生气，才会很失望。

记住，***在顾客快要失望时，你不仅要做到“道歉”、“补偿”、“加一”，还要注意表达方式***。你要用好听的方式，讲出那些不好听的话，顾客才觉得你说的是合情合理，从而不至于对你失望。

本章的十个关键时刻，我都讲完了，你都学会了吗？不管你学了多少，关键的是你要行动起来。现在，请你用笔把十个关键时刻写下来，并且在旁边写出对应的解决方法。最好就是把它们当成口诀，要用的时候可以信手拈来。如果你要训练员工，你把它制作成卡片，让员工随时带在身上，以便想不起来的时候，随时复习一下，才能游刃有余地应对这十个关键时刻。

关键时刻的必胜之问

前面，我就教了你一个倍增客户的黄金之问——顾客还有什么需求是没被满足的？只要你把顾客没被满足的需求找出来并且及时满足，你就像挖到黄金一样，利润肯定会持续增长。

现在在教你十大关键时刻的内容之外，我还教你一个关键时刻的必胜之问。那就是***我该怎样让顾客觉得和我谈得很愉快***？只要你时时刻刻问自己这个问题，你的顾客服务就会好起来。

本章小结

1. 服务很重要，但找准服务的关键时刻更重要，这样才能在对的时间里做对的事情。

2. 想让顾客不断对你的印象盖上加号，就要在最恰当的时候出现。

本章问答

1. 在服务的关键时刻，你曾犯过哪些错误？现在打算如何改正？

____

____

____

2. 你要怎么样做才能让顾客觉得和你接触是很愉快的？

____

____

____

第七章

建立以客为尊的服务系统

卓越的服务要通过管理才能实现，所以企业既要让员工满意并忠诚，也要通过实施差异化、精细化的客户管理，收获客户的满意与忠诚，并使客户管理效益最大化。

本章要点

服务不好的根源

教育员工服务顾客的三大步骤

落实顾客服务的四大步骤

长期保留顾客的白金之问

服务不好的根源

既然服务这么重要，讲了这么多服务的信念和方法，为什么服务还是不好呢？这是很多老板问我的问题。

我们公司很重视服务，在公司我也让大家天天喊服务的口号，可是我们服务还是不好。为什么强调服务，服务仍然不好呢？

在回答这个问题之前，你先想一下是谁在帮你服务顾客。答案是员工，对吧？所以，服务不好是员工的问题。

看到这个答案你是不是有点兴奋？原来服务不好的源头就在员工的身上。没错，服务不好是员工的问题，但是你有没有想过为什么你总在强调服务的重要性，而他们还是没有帮你服务好呢？

答案是没有满意的员工就没有满意的顾客。假如你的员工每天在你的公司工作得很辛苦，很难受，他能帮你把顾客服务满意吗？当然不能。没有满意的顾客是因为没有满意的员工。你当老板的没有服务好员工，所以他就不会帮你服务好客户。员工是你的第一个客户，当老板的就要先好好服务你的员工，这样他们才会帮你好好服务你的顾客。如果你每天不是骂员工，就是扣他的薪水，甚至让他在很差的环境下工作，那么你的员工就会反过来骂你，骂公司。试问，这样的员工会帮你服务好顾客吗？说到底，员工的问题就是老板的问题。为什么强调服务，服务还是不好？症结点就在这里。因此，想要服务好起来，首先你要服务好你的第一个顾客——员工，他们才会帮你照顾好你的顾客。***没有快乐的员工就没有快乐的顾客***。现在你知道了服务的问题就是老板的问题，但要怎么样才能找出你身上的问题呢？

接下来，我就教你一句能找出自身问题的神奇之问，那就是：我到底奖励得对不对？在前面，我已经教了两个问句了，一个是倍增客户的黄金之问：顾客还有哪些需求是没被满足的？另一个就是必胜之问：我该怎么样做才能让他觉得和我谈很愉快？现在就重点讲讲这个神奇之问：我到底奖励得对不对？这句话是什么意思呢？关于这句话的意思，可以用下面的故事来解释。

有一个农夫，在河边看到一只青蛙被蛇叼了起来。蛇在吞下青蛙之前，农夫动了恻隐之心——想解救那只青蛙。于是，他就把蛇抓起来，然后把青蛙放走了。农夫救了青蛙后，心里感到十分愉快，同时又很矛盾。蛇本来可以美餐一顿的，却因为农夫的好心，把蛇的食物剥夺走了。农夫觉得这样让蛇饿肚子也不对，于是他想到了要照顾蛇，就把身上的酒滴了几滴给蛇喝。蛇喝了美酒后，心满意足地走了。蛇走了之后，农夫心里很开心，觉得自己又做了一件好事，既放走了青蛙，又解救了蛇。可是，没过多久，蛇回来了，这一次它嘴里叼着两只青蛙。

从这个故事中，我们得到一个启发：农夫想救青蛙，却害了青蛙。为什么？因为他奖励得不对。农夫救了青蛙后，为了弥补对蛇的愧疚，却给蛇喝了几滴酒。这让蛇误以为要想多喝酒，就得叼一点青蛙。最终，农夫还是害了青蛙。所以，你在奖励员工的时候，也要问你自己：我到底奖励得对不对？才不会导致好心办坏事。

教育员工服务顾客的三大步骤

教育员工很简单，只有三个步骤：

第一大步骤：教育他。

第二大步骤：以身作则。

第三大步骤：适当的奖励。

什么叫适当的奖励？下面我就讲一个故事：

在美国圣地亚哥的一个海洋馆里，有一群会表演的海豚，它们能跳离水面15英尺高做表演。海豚能做如此精彩的表演，训练师是怎么训练它们的呢？难道训练师会乘着一艘船，把海豚引到海面上来，然后把绳子举得高高的，并拿麦克风说："海豚，跳！跳！跳！"如果训练师真是这样训练海豚，你觉得海豚会跳吗？当然不会跳。但是反观各位老板，他们是不是常常拿着麦克风对着员工说："跳！跳！跳！你给我达成目标，你给我做业务，你给我做到利润……"同样，这样训练员工是没有用的。那要怎么样做呢？先让我们来看看训练师是怎么训练海豚的。

刚开始的时候，训练师会把绳子放在水面上，海豚游过来时，看到水里面有东西吃，就会跃出水面。训练师每次都这样，久而久之，海豚就养成了一个习惯，那就是要吃东西就必须跃出水面。等这个习惯养成之后，训练师就把系食物的绳子一点一点提高，而海豚也随之一点一点跃高。通过这样反复地训练，海豚为了吃到食物，竟然能轻而易举地跃到高出水平面15英尺的高度。如果没有训练，海豚绝对不会跳得这么高。

人与动物不能沟通，都能用奖励的方式达到某种目的，何况人跟人呢？当然更加要奖励。无论是青蛙的故事，还是海豚、母猪的故事，都在教你一件事：奖励。本书的核心思想就在于要奖励你的顾客。同时，还要奖励你的员工，只有这样他才会帮你服务好顾客。但在你的公司里，你到底奖励哪种类型的员工呢？是奖励守规矩的员工还是奖励服务杰出的员工呢？这个要根据实际而定，并且奖励一定要适度。如果员工按时上下班，你就奖励他们，那么他们就习惯按时上下班，就喜欢按时上下班，但不一定会服务杰出。因为服务杰出你也不奖励。你要奖励的是利润高的还是服务杰出的呢？如果你说我们服务第一，但是到了年底，看到利润特高的那个队伍，就给他们奖金。虽然他们利润高，但未必他们的服务就是第一的。或许他们只是重视短期利益，有多少客户，就宰多少客户，他们也不做退货换货，更别谈什么顾客服务费用了。短期利润看起来很高，但是从长期来看，很多费用的支出都没算进去，而你却奖励了他们。而一个部门把利润投资了服务费用，又经常退货换货，从而导致短期利润是下降了，但是顾客满意度很高，所以长期的利润反而会提升。而你却没做这样的分析，只到了年底一看谁的利润高，你就说：你们这个部门好好学学那个部门，别人利润那么高。我给他们每个部门的人员加500元的薪水。如果你真这样做，以后无论你怎么强调服务第一、好好服务顾客之类的话，都再也没人会相信了。我可以肯定明年大家都去追求利润了，因为利润高就有奖励啊。所以，我们强调服务好要奖励，但是一定要坚持适当奖励的原则。

落实顾客服务的四大步骤

学习顾客服务的目的不是让你回到公司后让员工天天喊口号，回去后你最重要的任务，只有两个字：落实。落实顾客服务才是你的首要任务。那要如何落实呢？

下面，我给大家四个步骤：

第一大步骤：到底希望员工有什么样的表现

首先列下你对员工的要求。假如你是从事酒店服务业的，那你希望你的员工怎么做呢？在这里，我列举几个例子供大家学习一下。比如：

1. 我希望我的员工每天站立几个小时，要怎么样站？

___

2. 我希望我的员工对顾客怎么微笑？

___

3. 顾客来了之后，我希望员工每隔几分钟就给顾客倒水？

___

4. 顾客买单后，我希望员工怎样对顾客？

___

5. 顾客打电话进来后，我希望多久之内一定要有人接听？

---

6. 若顾客有比较过分的要求，那我应该要求员工怎么做？

---

7. 若顾客生气了，我应该让员工怎么安抚顾客？

这里，只举了几个有代表性的例子，你还可以罗列更多、更适合你公司的要求。总之，对于这方面的工作，你最重要的就是问自己：我到底希望我的员工有什么样的表现？现在你就要立刻行动起来，拿起笔和纸赶快列出你对员工的要求。只有落实了，才不会让服务成了一个口号，更不会成了一纸空文。

第二大步骤：到底该怎样去评估

对于这个问题，你同样可以用上面列举的方法，设定你的评估系统。比如：

1. 我希望员工以客为尊，那我怎样去评估？

---

2. 我希望顾客每天开心，我应该以什么标准去评估？

---

3. 我希望员工让顾客满意并愿意做一切事，我怎么评估？

对于这种评估，你千万不能用形容词去表达，应该用量化的标准去评估。不能量化就是无法评估，事情无法考核就不能管理，事情无法评估就无法管理。对于我在第一步骤讲到的“你希望员工有什么样的表现”的问题，你在列举出这些问题后，你还进一步想怎么去评估。至于如何评估，就要视各个公司的实际而定了。比如，可以用每月销售额或者每周抱怨数量，你也可以用每月的抱怨信或者顾客的回头率，你还可以用顾客的退货率或者顾客评价表。在此，我就不再一一列举了，你可以根据这个提示，然后结合实际做出一个适合本公司的评估体系。

在评估的时候，要记住三个原则：第一，只有功劳没有苦劳，再辛苦也没用，以数字论英雄。第二，要以团队第一，个人第二；要记团队绩效，不要记个人绩效，否则有人为了个人主义、英雄主义，会扯别人后腿，造成恶性竞争。第三，要将评估的结果公布，以便让员工看到成绩、记分板、图表，这样才能增强他们的服务意识。关于这一点，应该怎么做呢？接下来，我就举例来说明。

有一位开酒吧的老板来上我的课，他向我抱怨，他的员工太不努力服务顾客了，结果导致顾客不断减少，酒水销量也下降，生意一直好不起来。最后，他问我有什么办法改变这种现状。当时，我是这样跟他说的：每天给你的员工开会，并告诉他们以每天的啤酒的销量为评估标准。销售200瓶以上的，每多销售一瓶就奖励10元。一开完会，服务员就热情地招待客人，还时不时陪顾客聊天、喝酒、唱歌，总之他们就是尽一切可能服务好顾客，让顾客多买几瓶酒。过了三个小时，这位老板让他的服务员又聚在一起开会。统计结果显示，他们多卖了20瓶，也就是卖了220瓶，等于他们可获得200元的奖金。于是，大家又很有冲劲地去卖酒了。散会后，老板叫人在白板上记下他们的销售业绩，让每个进来的人都知道最新的销售结果。此后，他们每隔三个小时就会进来开一次小会，公布最新的销售量，并把销量结果记在白板上。这样一来，大家心中就有了明确的目标，努力的劲头就更足了。最后，他们在那个晚上从最初的220瓶卖到了450瓶，员工们也因此额外获得了2500元的奖金。通过这种记分板、图表、成绩单的公布，很容易让大家看到自己的成绩，因此绩效也就马上显现出来。

第三大步骤：如何奖励达成目标的员工

在你的公司里，除了要有员工做事的准则和评估标准外，你还要设定一套奖励制度。整本书所阐述的所有关于服务的训练系统之所以会行之有效，就在于它靠的是奖励。你要奖励顾客，你还要奖励员工，奖励是刺激好行为的基础和源动力。所以，你不仅要列出你希望的员工的表现及其量化的评估标准，还要将你对员工的奖励列出来，并具体化。奖励的方式多种多样，但概括起来也只有三种，它们分别是：

第一种：有条件的奖励。也就是你事先和员工讲，当他们达到了要求和评估标准，就可以拥有该奖励。如果达不成，就没有。

第二种：现场及时的奖励。如果你某个员工表现非常好，这刚好被你看到，这时，你就要马上表扬他。下面，就以故事来讲解这个知识点。

我有一个客户是开五星级酒店的，他有一次请我去他的酒店。到了那儿，他就对我说："杜老师，你看我们的酒店设备多好，可生意就是不好。"他把酒店开业以来的大致情况跟我讲了一遍，我便找出了他生意不好的原因。我是这样跟他分析的：初次来你的酒店的顾客，如果你们酒店没有给人一种要回头的感觉，那么顾客下次就不会再来了。你们酒店之所以开业以后顾客越来越少了，原因在于你们的服务不好。

这位老板一听，迫不及待地问我："那怎么办？"

"怎么办？"我想了一下，便给他出了一个主意。如果服务员看到客人，就马上过去帮客人提行李、开车门、按电梯的话，那就要马上让主管给这位服务员奖励笑脸卡，并表扬他的表现非常好。那么这些笑脸卡有什么作用呢？这些笑脸卡有以下作用：

第一，集满3张笑脸卡，可换10元奖金。

第二，集满10张笑脸卡，可休假一天。

第三，集满20张笑脸卡，可免费住宿一晚。房间为标准间，如果自己不想住，还可以转让给亲朋好友住。

第四，集满50张笑脸卡，可参加半年度的旅游一次。

第五，集满100张笑脸卡，可换取20天的年假。

第六，集满500张笑脸卡，可以参加抽大奖活动。最高奖为10万元。

…………

以此类推，奖励的限度跟笑脸卡成正比。我相信，所有的服务员看到这样的奖励制度实施后，服务的热情一定会高涨。他们会一天到晚到处寻找表现的机会。这样，服务水平不就提高了吗？你还怕服务员会怠慢客人吗？这位老板果真在酒店制定了一套奖励制度，不久，他酒店的业绩倍增。这都是因为他们改善了服务的水平，让客户感到满意，生意就开始红火起来。

后来，在实施这一制度的过程中，这家酒店又遇到了难题，那就是他们主管不可能随时跟着服务员。那位老板就问，万一主管不在的时候，谁负责给那些表现好的服务员发笑脸卡呢？他希望我能再给他们酒店出一个新的点子。既然刚才我讲到的方法在实施过程中有不足的地方，那就只好改良了。后来，我想到了，就是让他们把笑脸卡给入住的客户。在客户拿到房卡的同时，把笑脸卡一起给客户，并告诉他这些笑脸卡是奖励给那些服务特别好的服务员。比方讲，一位客户入住5天，那你就给他10张笑脸卡，每天可发2张笑脸卡。顾客觉得谁服务特别好，很想表扬这位服务员，那他就把这张笑脸卡发给这位服务员。有了这个新的奖励方法，即使主管不在场的时候，服务员也会积极、热情地为客户拿行李、开车门、按电梯、扫房间……完全把顾客当上帝一样照顾。服务做好了，顾客自然就满意，业绩也因此而猛增。

可是，这个新的奖励制度实施了一段时间后，这位老板又向我反映，那些服务员拿笑脸卡换到了钱、年假、旅游等奖励后，就慢慢地对这些奖励没有了新鲜感，因而也没有往上冲的劲头了。他问我，现在应该怎么办？既然奖励不管用了，就反其道行之，用处罚的方式。如果主管看到谁怠慢了顾客，就没收他已经获得的笑脸卡。笑脸卡被没收，心里肯定会难过，那他们又会努力地服务顾客了。

这就是现场及时的奖励。方式也是多变的，你可以用笑脸卡奖励他们的良好表现，也可以用哭脸卡记录他们的过错，但目的只有一个，就是让服务好起来。

第三种：特别大奖。什么叫特别大奖？举例说明。有一家公司通常是6点钟下班，也没有特别要求加班。可是有一位业务员经常加班到7点钟，突然有一天，老板6:50开着宝马来到公司。他指着宝马对那位正加班的业务员说："恭喜你，这是你这个月的奖金，因为这个月你的业绩是全公司第一名。"这位业务员在没有预期的情况下，老板把

宝马开到办公室门口送给他，他兴奋得不得了，结果为公司卖命一辈子。这就是特别大奖。

除了上述讲的奖励方式，你还可以用金钱奖励他，或者让他入股，你还可以给他有弹性的工作时间，或者给他个人成长……这些都是奖励员工的常用手段和办法。

第四大步骤：如何以身作则，让部属重视客户

你不仅要严格要求员工做服务，而且你自己先要以身作则，这样才会使你的下属更加重视客户。那你应该怎么做呢？让我们看看世界一流的企业家是怎么以身作则的。

据说，福特汽车公司的老板每一季度都要亲自到经销商店里坐在总机柜台前接客户电话。很多人对此感到不明白，他是这样向大家解释的：

第一，我要以身作则给我的经销商看，让他们明白服务很重要。

第二，我要接听客户的电话，倾听客户的声音，才能掌握客户最真实的需求。

第三，有些客户一发现是总裁接电话，就觉得福特汽车公司的服务非常好，因此就对我们福特印象非常好。

世界零售巨头沃尔玛的老板山姆·沃顿亲自在商店门口帮客人把菜装在袋子里面，然后绑起来，再一包一包放好，最后帮顾客结账。山姆·沃顿为什么要这样做呢？他这样是做给沃尔玛的所有员工看的，告诉他们他很重视客户。连老板都这么重视客户，难道员工还敢怠慢顾客吗？

Seven-Eleven便利商店的上级也非常重视客户，也常常以身作则。每家分店的店长每周都要亲自站在前台当一次收银员。为什么这样做呢？

第一，教育员工。店长都要服务顾客，做下属的更要服务好顾客了。

第二，示范给员工看，上级怎么服务好顾客的。

第三，倾听顾客的声音。

看了世界级企业上级以身作则的故事，你应该知道如何在你的经营当中以身作则，让你部属知道你很重视客户。

最后，我将这四个步骤的要点再次总结一下，首先列出你希望员工怎么做，再据此列出评估的标准，接着把相应的奖励政策公布出来，最后你要亲自到现场示范给员工看。只有把这四个步骤都落实到你的经营当中，你们公司的服务系统才会畅通无阻地运作起来。

长期保留顾客的白金之问

还记得，我前面讲过的倍增顾客的黄金之问吗？倍增顾客的黄金之问就是“顾客还有哪些需求是没被满足的？”一旦你找出了顾客未被满足的那部分需求，你就像挖到黄金一样，利润瞬时倍增。现在我就要教你一个比这个更能增加顾客的方法。那就是长期保留顾客的白金之问。请问一下，白金值钱还是黄金值钱呢？当然是白金。所以保留顾客比开发顾客更重要。在告诉你这句长期保留顾客的白金之问之前，我们先来看看一个小故事。如果你能看懂这个故事所阐述的道理，你大概也就明白了我要讲的重点了。

有一位小男孩正在找工作，他突然跑到药房里，对着药房的老板说：“老板，能不能借我打一个电话？”

“你要干吗？”药房老板诧异地问。

“我要找工作。我现在想打个电话去应聘。”

“好吧！你打吧！”

这11岁小男孩拿起电话，就打到史密斯公馆："喂！是史密斯公馆吗？"

"你找哪一位？"

"请问一下，你们是不是有一个很大的花园呢？"

"对啊！"

"我想应聘做你们的园丁，帮你们修剪花草，行不行？"

"谢谢你这么热心，但是很抱歉，我们已经有一个园丁了。"

史密斯公馆的人准备挂电话时，小男孩又追问了一句："你们虽然有一个园丁了，但你们真的打算继续留用他吗？"

"是的。谢谢你的热心，我们真的不打算换人，所以你不用来应聘了。"

听到此话，小男孩似乎很放心地说："很高兴听到你有这么好的园丁帮你，我不烦你了。再见！"

挂了电话，小男孩谢过药房的老板，准备离开时，药房老板突然叫住他，问道："我想起来了，你不就是那个史密斯公馆的园丁吗，你怎么打电话到你自己的单位去找工作呢？你这个行为让人感到很奇怪，这是为什么呢？"

小男孩说："因为我想看看我的雇主对我的服务评价如何，我想知道他们对我是否满意。既然我知道他们对我满意了，我就放心了。请你不要告诉我老板，因为正常情况下，我是问不出来的，所以，我只能从侧面打听。"

小男孩走了之后，药房老板吓了一跳，这么小的孩子就明白了顾客服务最深的一个哲理。他竟然搞懂了长期保留顾客的最重要的关键问题。什么问题呢？我想你应该从小男孩的谈话中知道了吧。这也就是我接下来要讲的。

第一个问题：我做得如何

你常常这样问自己，可以让你听到顾客对你的服务品质的评价。

第二个问题：我怎样才能做得更好

这句话可以让你听到顾客希望你从哪方面提高你的服务质量，也就是知道如何提升顾客对你评价的办法。

这两个问题就是长期保留顾客的白金之问。你不但要长期倾听顾客对你的评价，还要到顾客那里去听听如何提升他们对你评价的办法。关于这两个问题，你可以让顾客来教你，因为***顾客就是最好的老师***。向顾客讨教的时候，最好是从侧面打听，因为正面打听，顾客他不一定告诉你真实的想法，所以侧面打听会比正面打听有效。

只要你稍加观察，就会发现很多企业经常会派神秘客户去了解该企业的服务水平如何以及了解哪里是优点，哪里是缺点，然后回来反馈给企业总部。这也是侧面打听的一种方法。此外，你也可以亲自扮演一下顾客打电话到你公司买东西，感受一下你作为顾客时，你对你们公司的服务感受如何。当然，用这个方法的前提是不能让员工知道你是老板，不然就没有效果了。如果你能长期关注这两个问题，并找出相应的解决方法，你就会长期地留住顾客。为什么呢？原因有以下两点：

第一，客户会知道你有诚意对他们进行更好的服务。

第二，顾客会告诉你怎么改进你不足的地方。这样，你不断改进，不断展现给顾客你的服务水平和诚意，你就能长期保留住顾客。

本章小结

1. 没有满意的员工就没有满意的顾客，所以老板首先要做的就是先服务好员工。

2. 卓越的服务都要通过管理才能实现，并且要建立一套切实可行的评估系统，才能让员工重视服务。

3. 要想知道顾客对你是否满意，你可以从侧面去了解，这样才能了解顾客真实的想法。

本章问答

1. 你是如何落实公司的服务系统的？

____

____

____

2. 你公司有没有一个评估系统？如果没有，你打算如何建立这样的系统？

____

____

____

3. 你是否打算扮演一下顾客，去感受你们公司的服务？感受如何？

第八章
一流企业的服务信条

市场上成功的企业往往都是具有服务优势的企业，他们成功的服务理念和信条都值得我们学习和借鉴。学习世界前沿的服务，创造自己的商业奇迹。

本章要点

亚都饭店的四大服务信条

花旗银行的服务理念

海尔用服务抓住顾客的心

亚都饭店的四大服务信条

亚都饭店是台湾一家五星级的饭店，虽然设备陈旧，却每天宾客盈门。他们是用一流的服务赢得了顾客的心，从而创造了长期的利润。这么成功的案例，当然有值得我们学习和借鉴的地方。接下来，我主要是围绕亚都饭店的成功经验而谈的。

顾客的问题就是员工的问题，而员工的问题就是老板的问题，所以公司对员工的教育尤为重要。关于这一点，亚都饭店就做得特别出色。那么亚都饭店是怎么教育员工的呢？亚都饭店在教育员工方面始终坚持四大服务信条，分别如下：

第一大信条：每一位员工都是主人

传统企业的人员组成是金字塔形的，最高一层是董事会、股东会，接下来依次是董事长、总经理，中高层主管、基层主管，基层员工、服务员，最后一层才是客户。可是亚都饭店的人员组成与此是完全相反的。亚都饭店人员组成是三角形金字塔倒过来的，顾客最大，员工是主人，中层主管是仆人，高层主管是服务大家的，而董事会和董事长是最小的（如图8）。亚都饭店为什么要这样做呢？这是因为真正帮你服务顾客的是一线员工，只有你的员工拥有主人的决策权和主人翁的精神，才能服务好你的顾客。下面，我就讲一个具体的例子，看看亚都饭店是如何做到让每一个员工都是主人的。

假如你现在在亚都饭店吃蛋糕，吃一口，感觉味道有点不对，你便说："这蛋糕怎么这么苦呢？"这时，服务员马上会说："先生，抱歉！我马上帮你把这个蛋糕退掉。"过一会儿，他给你送来了一些

传统企业的成员构成

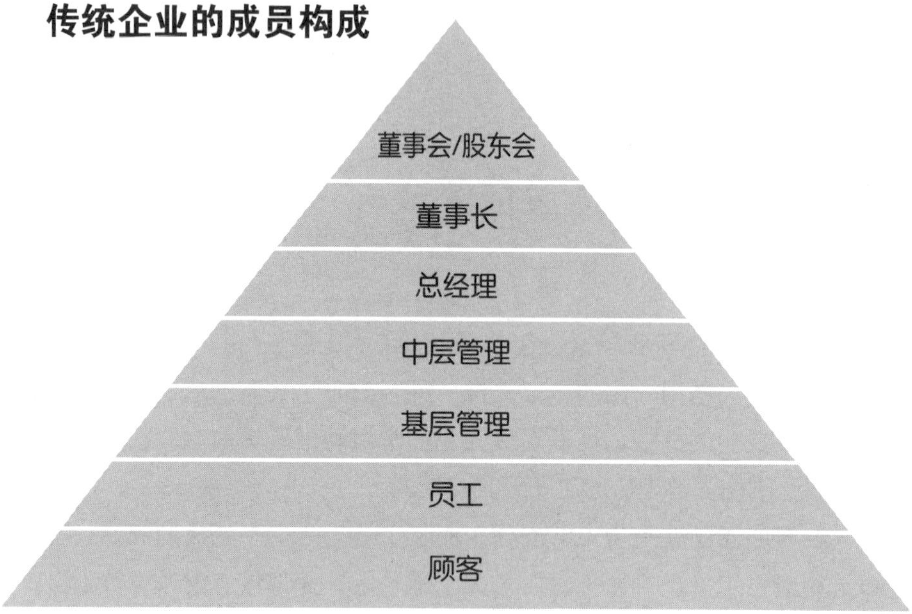

台湾亚都饭店的成员构成

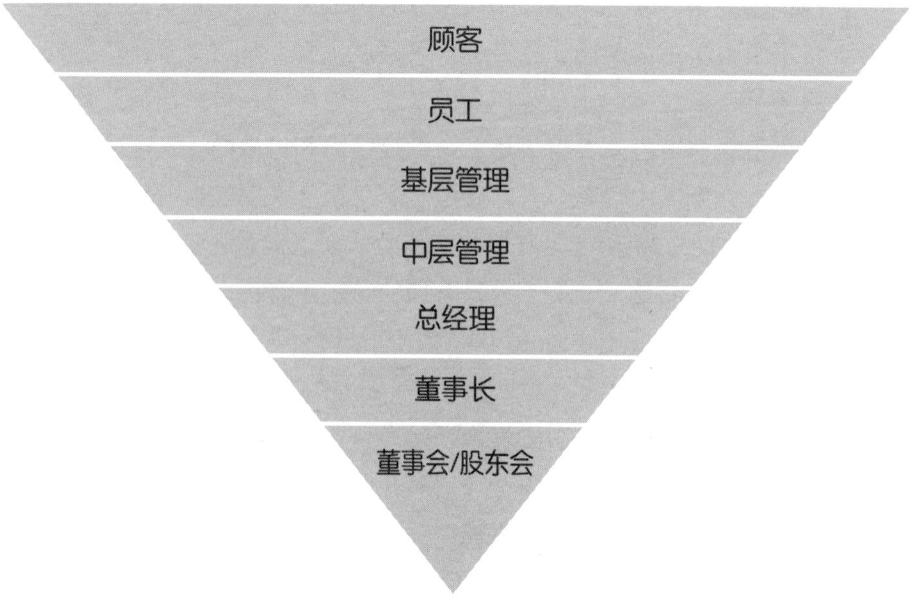

图 8

新鲜的蛋糕。这里的服务员不仅有权额外送蛋糕招待顾客，还有权力把不好的蛋糕换掉，甚至给顾客免单。如果你说咖啡不好喝的话，服务员不会有任何的解释，马上就把咖啡换掉，另外还会送一些甜点当作补偿。在亚都里面，诸如此类的例子是不胜枚举的。总之，在里面的每一个服务员都有权力马上解决顾客的抱怨，并马上让顾客满意。很多人对此感到不解，为什么他们不用请示领导就有这个权力?

亚都饭店的老板解释说，我们的服务信条就是“每位员工都是主人”，既然这样，就必须有政策实施，而不是喊口号。

亚都的咖啡厅有20个员工，每人每月有新台币两万块钱的签账额度，可以签咖啡、签水果、签牛排，还可以签甜点，等等。每个员工每个月被授权能签两万的额度账单，一旦顾客对餐饮有任何的不满，他们都能在第一时间内解决，并让顾客有惊喜，所以顾客总感觉他们的服务非常好。

相比之下，你又给你的员工赋予什么权力了呢？没有吧！大多数的企业，一有顾客抱怨，服务员常常会说：我要先问问老板或者对不起，我没有这个权力。顾客听到这样的回答，心里肯定抱怨更大，最后有可能再也不会光临了。

这就是你服务上不了一个级数、上不了一个台阶的最重要的原因。

或许有人不敢给员工太多权力，怕他们会滥用。我在课堂上讲到亚都饭店这个案例时，就曾有人提出质疑说，这个咖啡厅有20个员工，每人给2万块的签账额度，那岂不是一月就要支付40万。亚都的老板就不怕他的员工滥用权力吗?

这个问题也有人向亚都饭店的老板提过，当时，亚都的老板是这样回答的：第一，我不怕他们滥用权力。因为他们自己是服务员，他们被这么礼遇、被这么重视，他们更不敢滥用权力，他们更知道自重。第二，就算有人滥用权力也无所谓。因为我知道他滥用权力最多也就这么大额度。但是他有权力之后，可以帮我马上服务好顾客，让客户非常满意、惊喜、开心，从而使我们饭店在客户心中形成良好的口碑，因此也会带来很多新的生意。你看我们的咖啡厅，每天都客满，这都是服务造成的口碑效应。如果我把这40万拿去打广告，也未必会有这样的效果；如果把这40万拿去开发新顾客，也未必每天客满。所以，把这40万当广告费都值得，有什么好担心员工会贪污呢？

其实亚都饭店的老板说的这个道理，就跟我讲过的把80%的营销费用拿去服务老顾客，而不是拿去开发新顾客是一样的道理。

第二大信条：设想在顾客前面

也就是服务员要跟顾客内心的欲望赛跑。比如，顾客想要拿打火机，在他还没有拿出来之前，服务员就把打火机拿到顾客面前。如果有女顾客感到冷，服务员就在她说出来之前给她送上披肩。总之，服务员要设想在顾客前面。

第三大信条：尊重每位顾客的独特性

因为每一个人都是独特的，所以你没有标准化的可能性。你必须在标准化中接受个性化，接受独特化。因为你们是服务行业，这就是亚都的方法。

第四大信条：绝不轻易说NO

在亚都饭店，每个员工绝不轻易说NO，能说YES尽量说YES。实在不行，才请示上级，并且只有上级批准了才准说NO。正因为有这样的信条，他们才不轻易地对顾客说出拒绝的话。实在要拒绝怎么办呢？他们则换一种说法问顾客：我可以这样帮你吗？这是什么意思呢？比方讲，顾客说：我坐6点的飞机，所以我想5点退房行不行？如果这个时段没有其他人订房，那你满足顾客这个临时提出的要求是没有问题的。但万一这个房间在这个时段已经有人订了，那么应该怎么办呢？你可以这样对顾客说：“先生，是这样的，您为什么要5点才退房？是不是因为你坐6点的飞机，所以你下午2点到5点之间没有地方去？如果是这样，我们在一楼的大堂有一个咖啡包厢，我为你准备了杂志、糕点和咖啡，这都是免费请你的。同时希望你在2点前先退房，实在不是要拒绝你，是因为别人已经先订好了，我也是临时知道你5点才愿意走。你看我这样安排，行吗？”

我想对于这样的安排，大部分客人应该不会无理地说不行的。实在有人无理地说不行，亚都的服务员还有别的方法。总之，他们就是会想出一个解决方案、代替方案去把客人的要求改成另外一个，而不是轻易对顾客说一个NO。

花旗银行的服务理念

花旗银行迄今已有近200年的历史，是当今世界资产规模最大、利润最多、全球连锁性最高、业务门类最齐全的金融服务集团。花旗集团作为全球卓越的金融服务公司，在全球一百多个国家和地区约为2亿客户服务，包括个人、机构、企业和政府部门，提供广泛的金融产品服务，从消费银行服务及信贷、企业和投资银行服务到经纪、保险和资产管理，非任何其他金融机构可以比拟。花旗银行之所以能成为银行界的先锋，关键在于花旗独特的金融服务能让顾客感受并接受这种服务，进而使花旗成为金融受众的首选。

在20世纪90年代的几次品牌评比中，花旗都以它卓越的金融服务位列金融业的榜首。今天，在全球金融市场步入竞争激烈的买方市场后，花旗银行更加大了它的银行服务营销力度，同时还通过对银行服务营销理念的进一步深化，将服务标准与当地的文化相结合，即提供比较个性化和具有地方特色的服务，这也是花旗银行赢得顾客的核心竞争力所在。接下来，我们就一起看看花旗是如何用服务赢得顾客的心的。

在前面的内容当中，我提到过能真正留住顾客的不是你一时夸下的海口，而是要兑现承诺并谨慎承诺。在这方面，花旗银行可谓是典范。它在引导客户预期方面决不允许作过高或过多的承诺，一旦传递给客户的允诺就必须保质保量地完成。比如，他们提出了“花旗永远不睡觉”的承诺，为了做到这个承诺，花旗就规定并做到了电话铃响10秒之内必须有人接，客户来信必须在两天内作出答复。这些细节就是让客户满意的重要因素。

另一方面，花旗非常鼓励员工充分与顾客接触，经常提供上门服务，以使顾客充分参与到服务生产系统中来。同时，花旗还赋予员工充分的自主服务权。这点与亚都饭店有异曲同工之妙，世界上成功的企业几乎都在这方面有所建树。花旗通过这种赋予员工充分的自主服务权，使得员工们能为顾客更好地、更直接地提供全方位的服务。这样，省去了很多中间环节，顾客也乐意到他们那儿去。

花旗这个品牌之所以会深入人心，并让客户纷沓而至，是优质的服务让他们赢得了这场“战争”。事实证明，***银行服务营销开展的优劣将成为银行竞争成败的关键***。然而，多年以来，这被很多银行所忽视，他们强调的只是银行产品的盈利性与安全性。但是，随着银行业竞争的加剧，银行开始将注意力转移到银行服务与顾客需求的统一性上来。如果没有意识到这一点，并马上去实施，就很容易让竞争对手有机会可乘。

花旗银行的服务理念不仅值得同行学习和借鉴，其他行业想永远赢得顾客，也应该把服务当作是工作的重心。

有一句话说：“谁提供了考虑周全的服务，我就选择谁的产品！”所以，做好服务是每个想赚大钱的企业必须重视的，并非一流企业的专利。

海尔用服务抓住顾客的心

松下幸之助说：“服务将决定能否让顾客满意。一切都是从服务开始的。”我也一直强调要永远赢得顾客，就要做好服务。这也是很多成功企业所推崇的，成功的企业无不把服务作为核心竞争力。很多商家失去了顾客，并不是他的产品不好，而是低劣的服务把顾客给得罪了。接下来，我们一起来看看海尔是如何用服务赢得顾客的心的。

海尔集团创立于1984年，是世界第四大白色家电制造商、中国最具价值品牌、中国购买者满意度第一品牌。海尔之所以能取得今天的成就，很大程度上得益于它的服务理念。优质服务，一直是海尔赢得用户的竞争力之一。因此，在业界也流传着许多有关海尔服务的动人故事。

某年7月的一天，一位海尔顾客的妻子出差，而他本人在值夜班，家里只有80多岁的老母亲。夜里，老母亲打电话给她儿子，说家里空调吹出的是热风，她不知道怎么办，希望她儿子赶快回来。可是，正值班的儿子无法脱身，情急之下就给海尔服务热线打了电话，没想到，海尔服务人员答应马上上门。海尔的3位师傅用专车连夜赶了100多里路来到顾客家。检查的结果是因顾客的母亲不会使用遥控器，错把制冷按成了制热，所以才吹出了热风。

如果遇到这样的情况，我相信很多服务员都会不高兴，可是，意想不到的事情在海尔的工作人员身上发生了。师傅们耐心地教这位顾客的母亲使用遥控器，如何将温度、风速设定好，直到老太太学会了，他们才放心地离开。走的时候，还留下了电话，说如果有什么问题可以随时打电话。

凑巧的是，这几位师傅离开没一会儿，这位老太太到洗手间洗手时，不知是什么原因，一个水龙头断了，水压很大，水已经从洗手间渗出，流到木地板上。老太太很着急，慌忙之际，想到给刚才那几位师傅打电话。几分钟后，师傅开车回来，立即冲入洗手间，经过10多分钟的紧急处理，终于将水堵住。

老太太非常感动，一边给几位师傅端水果，一边不停地感谢他们，最后还拿出钱给师傅表示感谢，但几位师傅不但没收，还说：“大娘，您是我们的用户，帮您解决困难是我们的责任。”

看到这里，你一定觉得海尔的服务非常好，对吧？你还记得我前面讲的内容吗？仅仅是满意还不够，还要让顾客不断地发出“哇”的赞叹声。他们几个人帮老太太修水龙头，还拿起拖把把地拖得干干净净。

第二天，老太太的儿子回来了，她把昨晚发生的事情一五一十地告诉了她儿子。老太太的儿子感动之余，毫不犹豫地来到商场再买了两台海尔空调。不仅如此，他还将海尔的真诚服务告诉其他人，让他们也购买海尔产品，都来享受海尔的真诚服务。

故事讲完了，你从这个故事中能体会到什么吗？这里面涉及了我讲过的有关服务的要点，你可以回顾前面的内容分析一下。

事实上，他们的任务就是解决他们产品的问题就可以了，可是海尔的工作人员还多了一份助人为乐的精神，为顾客提供了超乎他们期望的服务。这也许对他们来说，没有多大的好处，但是对海尔来说，就提升了顾客的忠诚度和口碑效应。

作为企业就要培养这样的服务人员，时时刻刻想着顾客，除了满足顾客的需求外，还提供超乎顾客期望的服务，这就更加容易赢得顾客的心和忠诚了。想成为有口皆碑的企业，想要成为顾客信赖的企业，就要提供超值报务，这等于直接为企业创造利润。

本章小结

1. 用一流的服务赢得顾客的心，从而创造了长期的利润。

2. 能让顾客纷至沓来的企业，都是能将服务和顾客的需求统一起来的。

3. 想让员工更好、更热忱地服务顾客，就要赋予他们充分的自主服务权。

本章问答

1. 与这些世界一流的企业相比，你企业的服务有哪些差距？

____

____

____

2. 学习了这些一流的服务水平，你希望做哪些改善，留住更多的顾客？

____

____

____

附录

课程推荐

朋友，您想打造赚钱机器，成为成交高手吗？杜云生创富教育机构为您准备了以下课程："绝对成交"、"绝对成交高级班"、"赚钱机器"、"公众演说"、"无敌谈判"、"20倍保证班"、"财富创造大会"、"向命运挑战"、"青少年创富班"、"NAC心理学"。无论您参加哪个课程，都将受益匪浅，财富之流将如潮水般向你涌来，让你获得非凡的成就！请别错过每一个机会喽！

请来电咨询报名：020-86589479　13724012259

两项承诺：1. 课后不满意退款　　2. 课后满意无数次复训

《绝对成交》课程简介

《绝对成交》实战课程，让您完成由销售业务到销售精英的蜕变！三天两夜，杜云生老师全程陪伴，倾力亲授！

第一天：您将在第一天中为这套世界级的成交训练打下扎实的基础。杜老师将会在一天的时间中培养您坚实的发问基本功。在彻底纠正您错误的销售习惯后，训练您的发问技巧，像条件反射一样简单。基本功扎实后，才开始教您完美销售的具体步骤。

第二天：杜老师将训练您如何大幅度地提高您在顾客心目中的信赖感，教会您如何洞察人心和如何促使顾客下定决心，以及如何倍增产品价值的塑造方法。在第二天中，您会感受到：由于基本功的扎实，您的成交技巧已有大幅度的提高。

第三天：在第三天的早上，您将参与一个游戏，它是如此地震撼您的大脑。一上午会冲击着您过去传统的销售习惯，彻底颠覆您对销售的看法。您会将发问的基本功轻松地应用到处理顾客抗拒的六大步骤上，并且您会看到您的成交技巧已经真实地为您带来收入和业绩。第三天的您，确实会迫不及待地想要冲出教室去成交顾客，把话说出去，把钱收回来。

《赚钱机器》课程简介

《赚钱机器》——追求财务自由的终极课程！

第一天：打造赚钱机器的八大步骤

第一课：打造赚钱机器的八大步骤。决定你人生的命运方程式和人脑五大软件是什么？第二课：所有致富的关键是什么？你为什么陷入为钱卖命却始终没钱的怪圈？第三课：四两拨千斤的财富秘密。如何创造永续不断的财富管道和解决价值亿万的问题？第四课：趋势——不可逆转的财富流向。时机——瞬间改写命运，该出手就出手。第五课：决策力法。激发行动力的五大步骤。

第二天：将你的企业打造成自动印钞机

第一课：打造企业机器的八大关键。世界上有四种人，你属于哪一种？第二课：企业的铁三角组织架构。赚大钱是团队运动。第三课：如何几何式倍增企业业绩？《行销机器》创造第一品牌。第四课：谈判——世界上赚大钱最快的方法。演讲——销售的最高境界。第五课：系统——让你企业自动、完美、高效地运转。

第三天：财务自由的六大关键

第一课：创造财富的四种方法和财务自由的六大关键。第二课：穷人、富人、中产阶级的花钱模式。如何一劳永逸地解决财务问题？第三课：《时间的机器》如何越省力越赚钱？如何让时间投资获得最高回报率？第四课：财道——吸引钱的定律。